親子でつくる
カンタンかわいい
おままごと
MaMan*著

introduction

おままごとな
おうちカフェへようこそ♪

はじめまして、MaMan*です。
小さな頃から物作りもおままごとも大好きでした、私。

もちろんママになった今もなお、おままごとが大好きです。
娘たちの笑顔が見たくて、たくさんの物を手作りしてきました。
そんなとき、私自身がもっとも大切にしていることは、
描いた通りに作らなきゃとか、早く作らなきゃなんてあせらずに、
私の元気やワクワクを作品の中にたくさん詰めこんであげること。

そして何より、自分と子どもの手をじっくり重ね合わせながら、
チョキチョキ、ペタペタ、チクチクと笑顔で楽しむことこそが、
私流の手作りスタイルなんだと思っています♪

本書では多くの方にMaMan*流おままごとを楽しんでいただけるよう、
色使いや素材の組み合わせのかわいさはもちろん、
1枚で何通りものアイテムが作れる型紙や
子どもが本当に楽しく遊べる仕掛けなど、
工夫を凝らしたおままごと小物を提案します。

ページをめくりながら、
「一緒に作ってみようかぁ♪」「○○ごっこしてみる？」
なんて会話を弾ませて、大好きな方々と
ニッコリなおままごと時間を
お楽しみいただけたら幸いに想います♪

（あきや ともみ）

本書では娘たちも協力してくれています。

Contents

Part1 おままごとはじめましょ！ 009

- **012** フォーク／スプーン／コップ／ミルクポット
- **013** ドーナツ袋／ドーナツBOX／移動販売BOX
- **014** お皿
- **015** メニュー表
- **016** カフェフラッグ
- **018** カチューシャ／バブーシュカ
- **019** ミトン
- **020** エプロン

Part2 シェフごっこしましょ！ 023

- **026** 目玉焼き／サラダ
- **027** ファルファッレ／ラビオリ
- **028** お子さまランチ（チキンライス、ウィンナー、スパゲティ）
- **030** ハンバーガー（ハンバーグ、バンズ、レタス＆ケチャップ）
- **032** クレープ
- **033** クッキー
- **034** 型抜きクッキー
- **035** ロールキャラメル（棒つきキャンディ）
- **038** プリン＆ムース
- **040** タルト（クリームサンド）
- **042** ドーナツ（スティックドーナツ）
- **044** マカロン
- **046** アイスクリーム（アイスクリームサンド、トリプルコーン）
- **048** おりがみアイス

Part3 お人形さんごっこしましょ！ 051

- 054　ぬいぐるみ
- 056　くまの指人形
- 058　ひよこの指人形／うさぎの指人形
- 059　おうじさまの指人形／おひめさまの指人形
- 060　ドールハウスの小物（紙フラッグ、テーブルクロス、クッション）

Part4 お買い物ごっこしましょ！ 063

- 066　蝶々のヘアアクセサリー（ヘアピン、カチューシャ、ヘアゴム）
- 068　動物のアクセサリー（ブローチ、ネックレス、ヘアピン）
- 070　リング
- 071　ドーナツのヘアピン／ドーナツのブレスレット
- 072　おしゃれバッグ
- 074　バッグチャーム

Part5 お医者さんごっこしましょ！ 077

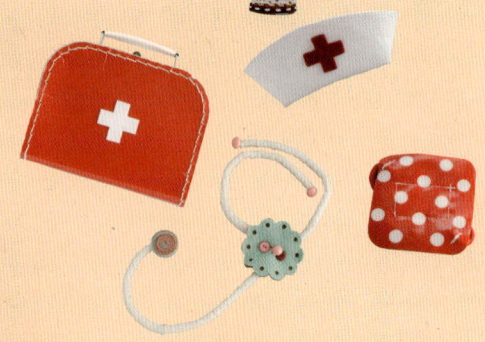

- 080　ナースキャップ
- 081　腕章／マスク
- 082　聴診器
- 084　包帯／ガーゼ
- 085　ばんそうこうA／ばんそうこうB
- 086　おくすりケース／おくすり袋
- 087　ドクターBOX

+αで楽しみましょ！

- 022　MaMan*'s Idea1　親子で手作りのススメ
- 050　MaMan*'s Idea2　おままごと盛りあげ100円グッズ
- 076　MaMan*'s Idea3　ecoなおままごと。捨てずに再利用!!
- 088　MaMan*'s Idea4　パパにお願いするカンタンDIY
- 062　Break time　うさぎさんと遊びましょ！
- 004　introduction
- 007　本書のトリセツ（取扱い説明書）
- 090　型紙一覧

本書のトリセツ（取扱い説明書）

おままごと小物を作る前に、本書の読み方を知っておきましょう。
各ページに登場するアイコンの意味や基本材料、縫い方を説明します。

アイコンの説明

型紙があることを表します。使う型紙は材料下に記載。各型紙は90～95ページに掲載。

制作時間の目安を表します。この時間にボンドや紙ねんどの乾燥時間は含まれません。

作品の難易度を表します。手芸初心者さん目線でかんたん、ふつう、むずかしいに分類。

子どもがお手伝いできる工程を表します。お子さんに可能か否かはご自身でご判断を。

チャコペン／はさみ（裁ち、紙）／ピンキングばさみ／1つ穴パンチ／手芸用ボンド／縫い糸と縫い針、まち針／洗濯ばさみ、クリップ／ミシン（ロックミシン含む）／目打ち／綿棒／つまようじ／型（クッキー、タルト、ブリオッシュ）／絞り器の口金

基本の材料と購入可能Shop

   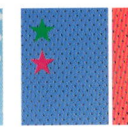 

フェルト／コットン生地／ラミネート生地／パンチングシート／柄つきフェルト

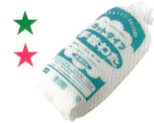    

手芸用綿／リックラックテープ（山道テープ）／ポンポンブレード／レース／チロリアンテープ

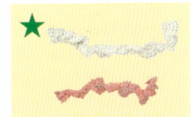    

シャーリングレース／マスキングテープ／毛糸／ボタン／パールビーズ

 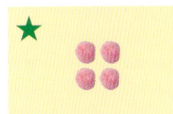  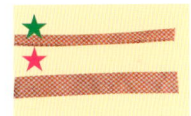 

デコレーションボール／ポンポン／マジックテープ／バイアステープ／スナップボタン

プリントおりがみ／フワフワムースのかみねんど／ペーパートランク

本書の決まり
- 刺しゅう糸は材料ではなく縫い針とセットの道具扱いにしています。
- 布やフェルトのサイズはすべて縦×横cmの表記になっています。
- 「ドット」とは1つ穴パンチで開けたフェルトの丸型をさします。
- 「スカラップ」とは半円状の波型を表します。

★は手芸店、★は100円Shop、★は雑貨店や300円Shopで購入可能です。
（あくまで目安であり、例外もあります）

基本の縫い方

なみ縫い

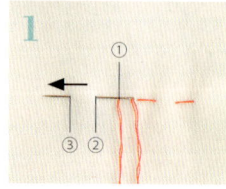 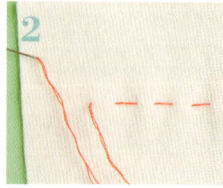

①から出した針を、②へ入れ等間隔をあけて③から出します。

繰り返すと、縫い目は写真のようになります。

かがり縫い

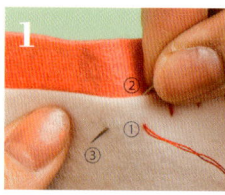 

①に通した針を②に入れ③に出します。①→②は垂直でなくてもOK。

繰り返すと、縫い目は写真のようになります。

返し縫い（バックステッチ）

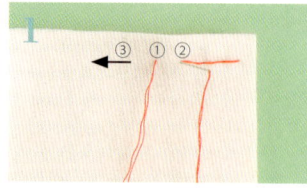 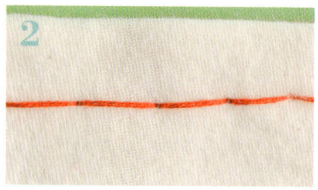 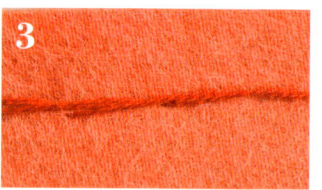

①で出した針を②に入れて、③に出します。※針目を戻すイメージ。

繰り返すと、縫い目は写真のようになります。

裏面から見ると縫い目は写真のようになります。

ブランケットステッチ

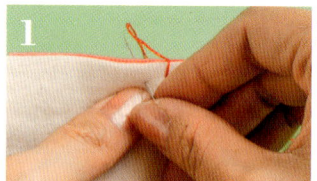 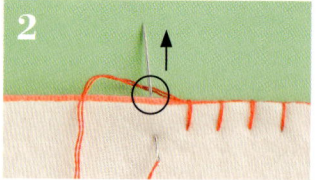 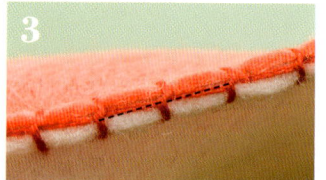

針を刺します。

針の後ろに糸をかけて、針を矢印方向へ抜きます。

横から見た縫い目。点線部分に糸目ができるのが特徴の縫い方です。

MaMan*'sテクニック応用編

手芸や裁縫の上級者さんは、MaMan*'sテクニックを参考に自分流のアレンジを楽しんで。

形、色合わせのテクニック

その1 曲線の重ね合わせ、組み合わせを楽しむ。
☆例：円形モチーフ×円形の素材（ポンポンブレード、ボタン）。

その2 異なる素材を組み合わせる。
☆例：コットン生地×ラミネート生地。

その3 色の組み合わせはバリエーションを効かせて。
☆例：暖色系×寒色系、ビタミンカラー×ペールカラー、同系色の濃淡。

その4 テーマカラーを決めて柄物の足し算をする。
☆例：赤のフェルト＋赤×白のギンガムチェックのコットン生地。

その5 柄×柄の成立は色合いが決め手。
☆例：反対色を用いたり、同系色でも柄の大きさや形を変える。柄と柄（生地）の間に濃い色のポンポンブレードを用いる。

MaMan*のおススメ Shopリスト

● 手芸店
キンカ堂、オカダヤ、ユザワヤ、貴和製作所、MOKUBA、ラ・ドログリー、パンドラハウス、トマト（日暮里）、ヴィシーズ

● 雑貨・ホビー・文具
ITO-YA、LOFT

● インテリアShop
IKEA
※詳細は各HPでご確認ください。

Part 1
おままごとはじめましょ！

おままごと遊びにかかせないお皿や
カトラリー、雰囲気がぐっと盛りあがる
エプロンやバブーシュカなど、
遊び方を何通りにも広げる
小物たちの作り方を紹介します。
さぁ、楽しいおままごとの準備をしましょ！

各ページにわたしが隠れているよ。探してみてね。

ねぇ、ねぇ聞いて。
うちのママはすごいんだよ。
だってね、お友だちの誰も持ってない
かわいいおままごと小物を
いーっぱい作ってくれるんだから。
ママの作ったかわいい小物で、
おままごと遊びをするのが、
わたしたちだーい好きなの。

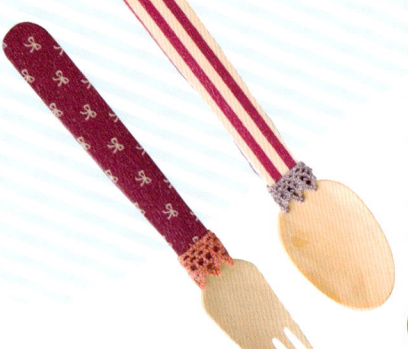

マスキングテープを貼るだけ★

フォーク スプーン

5分 かんたん

How to make

使う道具

材料（1本分）
- 木製フォーク、スプーン …… 各1本
- マスキングテープ ……………… 適宜
- レース ……………………………… 適宜

マスキングテープやレースを変えて、デザインを楽しんで！

1 木製フォークとスプーンを用意します。（プラスチック製でもOK）

2 お好みのマスキングテープを柄の部分に貼りつけてから、レースを巻くようにボンドで貼って完成です。

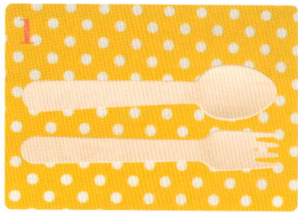

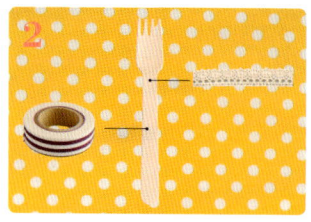

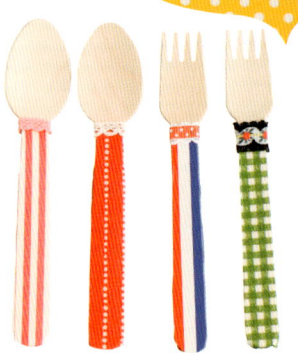

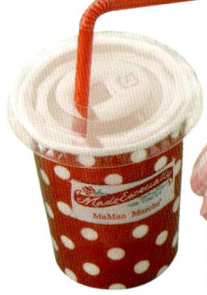

紙コップもかわいく変身☆

コップ ミルクポット

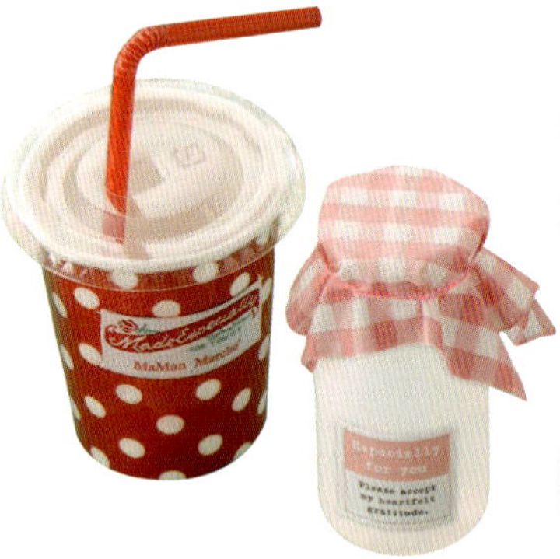

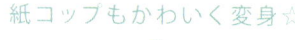

10分 かんたん

How to make

使う道具

材料（1個分）

コップ
- 紙コップ（本体・型紙用） …… 2個
- ラミネート生地10×22cm ……… 1枚

ミルクポット
- ヨーグルト飲料の空き容器 …… 1個
- ラミネート生地11×11cm …… 1枚
- カラー輪ゴム ………………………… 1枚
- シール（お好みのもの） ………… 1枚

コップ

1 紙コップの飲み口からまっすぐ底へ切りすすめ、底部分も丸く切り抜きます。

2 飲み口部分の丸みも切り離します。これがラミネート生地の型紙となります。

3 **2**で作った型紙を使って、ラミネート生地を切ります。

お手伝い

4 **3**で切った布を新たな紙コップの背に巻きつけるようにボンドで貼りつけたら、完成です。

ミルクポット

1 ヨーグルト飲料の空き容器を用意します。

お手伝い

2 11cm角に切ったラミネート生地をふたにみたてて輪ゴムでとめ、容器にお好みでシールを貼り完成です。

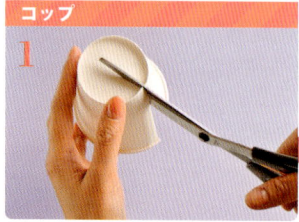

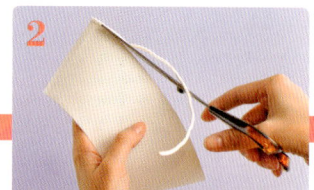

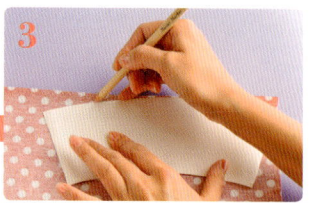

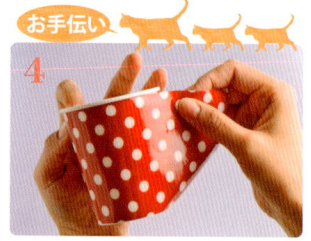

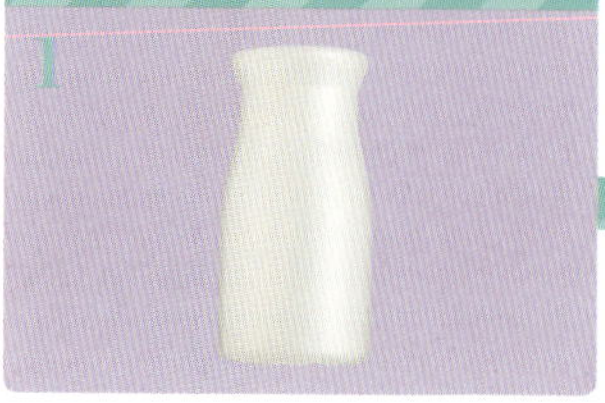

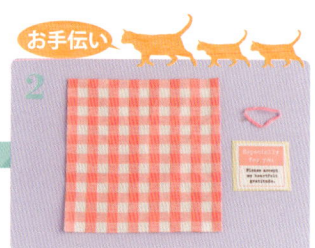

これでTake Outもばっちり♡
ドーナツ袋
ドーナツBOX

型紙あり / 15分 / かんたん

How to make

● 使う道具

● 材料（1袋分、1箱分）
ドーナツ袋
・ギフト用紙袋 ………………… 1枚
・ラミネート生地12×12cm ‥ 1枚
・おりがみ 11×11cm ………… 1枚
ドーナツBOX
・組み立て型Box ……………… 1個

● 使う型紙　G-1、G-2 (P92)、
　　　　　　 L-1、L-2 (P94)
・フェルト
　Aこげ茶色6×6cm ……… 1枚
　Bクリーム色5×5cm ……… 1枚
　Cドット（2色） ………………… 8個
・マスキングテープ ………… 適宜

ドーナツ袋 お手伝い
1
ラミネート生地 / おりがみ

型紙G-1、G-2を使っておりがみとラミネート生地を切り、ギフト用紙袋に貼り完成。

ドーナツBOX
1
ドット

型紙L-1、L-2を使ってフェルトを切り、ドーナツの飾りを組み立て型Boxに貼ったら完成です。

完成

完成図はこんな感じです。ドーナツBoxにはお好みでマスキングテープを貼ってもGood!

持ち運びOKの便利アイテム★
移動販売BOX

10分 / かんたん

How to make

● 使う道具　● 材料（1箱分）
・ギフトBox ……… 1個
・リボン75cm ……… 1本
・リング金具 ……… 2個

1
ギフトBoxを用意します。箱のふたにストローをさす穴を目打ちで開けます。

2
ふたの横に目打ちでリボンを通す紐穴を左右に2つ開けます。

3
箱本体にも目打ちでリボンを通す紐穴を左右に2つ開けます。

4
ふたと本体の紐穴にリボンを通します。ふたの外側→内側→本体の外側→内側の順でリボンを通します。

5
リボンの最後にリング金具を通し結んで完成です。

How to make

使う道具

材料（1枚分）
- 紙皿 ……………………… 1枚
- ラミネート生地 18×18cm … 1枚
- 柄つきフェルト 18×18cm … 1枚
- 毛糸 120cm ……………… 1本

使う型紙 B（P90）

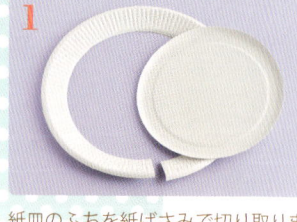

1 紙皿のふちを紙ばさみで切り取ります。お皿の平らな部分のみを使うイメージです。

2 型紙Bを使って、ラミネート生地とフェルトを1枚ずつ切ります。表と裏で素材を統一してもOK。

3 お手伝い
紙皿の表側にボンドを塗り、ラミネート生地の裏側と貼り合わせます。

> ボンドは紙皿のふちにしっかり塗れば、全面に塗る必要はありません。

4 すき間に空気が入ったりシワができないように、指で押しなぞりながらしっかりと貼りつけましょう。

5 お手伝い
紙皿の裏側にも同様にボンドを塗り、フェルトを貼ります。

6 スカラップ
表と裏の布のスカラップ部分（半円状の波型）にもボンドを塗り、貼り合わせます。

7 お手伝い
表布のスカラップをなぞるようにボンドを塗り、毛糸を飾りつければ完成です。

ラミネート生地やフェルトの柄や色を変えて、たくさんのお皿を作りましょう。

完成！

紙皿がたちまちCuteに♡

お皿

型紙あり　20分　かんたん

好きな写真やメニューを飾って★
メニュー表

How to make

使う道具

材料（1冊分）
- フェルト
  A 赤20×20cm ……… 4枚
  B 白12×12cm ……… 1枚
- 毛糸（オフホワイト） 適宜
- プラスチックシート（硬め）
  A 12×15cm ……… 1枚
- B 17×16cm ……… 1枚
- ラミネート生地
  A 水玉8×8cm ……… 1枚
  B ギンガムチェック
  11×11cm ……… 1枚
- パールビーズ（飾り用）…12個

使う型紙 A（P90）、G-1、G-2（P92）

1 20cm角のフェルトを4枚用意。2枚で1ページ分になります。

1ページ分2枚のうち1枚だけを、右端を少し広めにあけて中央部分を12×15cmに切り抜きます。

2 最後にボタンをつけるので、左端は少し広めにあけておきます。

もう1ページ（2枚）の1枚は中央部分を17×16cmに切り抜きます。左端を広めにあけておきます。

3 ボンドは窓のふちまでしっかり塗ると取れにくくなります。

1、2であけた窓にそれぞれ硬めのプラスチックシートをボンドで貼りつけます。

4 ボンドは一気に塗らず、半分ずつ塗っていくと失敗しにくいです。

続いてそれぞれの窓枠のふちに表側からにボンドを塗り、それに合わせて毛糸を飾りつけます。

5 型紙G-1、G-2 型紙A

ラミネート生地やフェルトをお好みの形に切り、表紙・裏表紙面にボンドで貼りつけます。※2枚完成。

6 お手伝い これで2枚1ページが2つ完成します。

4、5で作ったフェルトを貼り合せます。ボタンをつける側とポケットにする上辺は貼り合わせません。

7 お好みでパールビーズを貼ったり刺しゅうを楽しんで。

表紙と裏表紙にボタンを4個ずつおき、すべてのフェルトを両側のボタンと一緒に縫いとめたら完成。

Cafe Flag

長さもデザインも自由自在☆
カフェフラッグ

 型紙あり 40分  かんたん

ジャンプしたらとどくもん。

How to make

● 使う道具

● 材料（プードルフラッグ1枚分）
・コットン生地38×18cm ……… 1枚
・紐 …………………………… 適宜
・パンチングシート12×10cm ‥1枚
・ポンポンブレード18cm ……… 1本

● 使う型紙
　C-1、C-2、A（P90）

1. 型紙C-1を使ってピンキングばさみでフラッグ本体となるコットン生地を切ります。

※布をわにして三角形を交互においで切ると、布が無駄なく使えます。

2. 三角形の底辺を表側からミシンで縫います。紐を通すため、端から1cmあたりを縫います。※底辺がわの場合。

子ども部屋にもぴったりなフラッグです。

3. 底辺がつながっていない方の布は中表にして縫いしろを0.5cm残して縫います。

4. 3を表面に裏返し、底辺端から1cmあたりを縫っていきます。

5. 型紙C-2を使ってパンチングシートをプードル型に切ります。

お手伝い

6. プードルにボンドを塗り、フラッグに貼りつけます。

お手伝い

7. ポンポンブレードにボンドを塗り、フラッグの布端にポンポンを下にして貼りつけます。

Arrange　柄のバリエーション

8. 1〜4の手順でフラッグ本体を作り型紙Aを使ってラミネート生地をフォークとスプーン型に切ります。

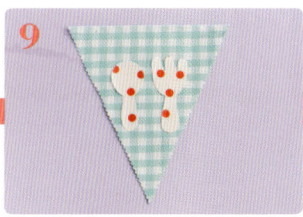

9. フォークとスプーンにボンドを塗り、フラッグに貼りつけます。

10. これはコーヒーカップの飾りつけです。お好みでアルファベットの飾りなども楽しいでしょう。

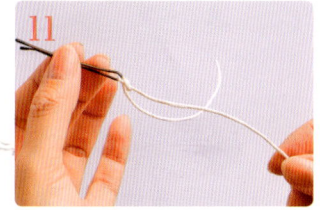

11. フラッグに紐を通します。紐通しの代わりに写真のようにヘアピンを使っても簡単に通せます。

12. フラッグに紐を通したら完成です。長さは取りつけるフラッグの数で自由に調整ができます。

お好みの柄を切り貼りして、オリジナルフラッグを楽しんで。

シュシュを切って貼りつけるだけ★
カチューシャ

かんたん

How to make

● 使う道具

● 材料（1本分）
- シュシュ …………… 1個
- カチューシャ ……… 1本

1

シュシュはレースがついたものだとよりかわいく仕上がります！

お好みのシュシュとカチューシャを用意します。シュシュの1か所をはさみで切ります。

2

切ったシュシュの内側にボンドをしっかりと塗って、カチューシャの背に貼りつけます。

3 お手伝い

シュシュとカチューシャを固定するように洗濯ばさみではさみます。約2時間ほど乾かせば完成です。

レース使いがワンポイントに♡
バブーシュカ

ふつう

How to make

● 使う道具

● 材料（1枚分）
- コットン生地37×37cm … 1枚
- リックラックテープ52cm … 2本
- レース72cm 2種類 ……… 各1本

1

37cm角の正方形のコットン生地を対角線で半分に折り、その折り線を切って三角形を作ります。

2

ロックミシンをかけた布端を約1cm裏側へ折り、アイロンをかけます。

3

三角形の端の布は余分に飛び出している部分を切り、布端を内側に入れるように折りこみます。

4

布を折った部分をロックミシンの縫い目に沿って、ミシンをかけます。

5

布の端にレースの中央を合わせ、布のきわを表側からミシンで縫っていきます。

6

このリックラックテープがしばり紐になります。

リックラックテープを三角形の底辺両端に縫いつけます。お好みでさらに表面へレースをつけて完成。

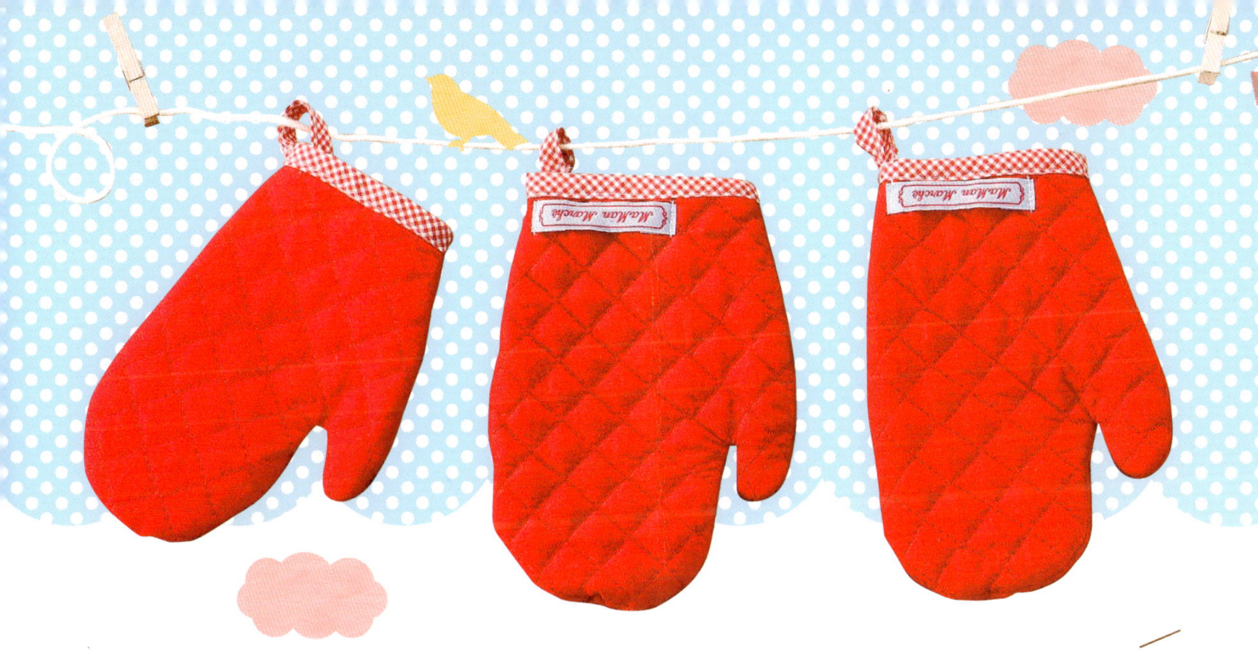

子どもの手をそのまま型紙に♡
ミトン

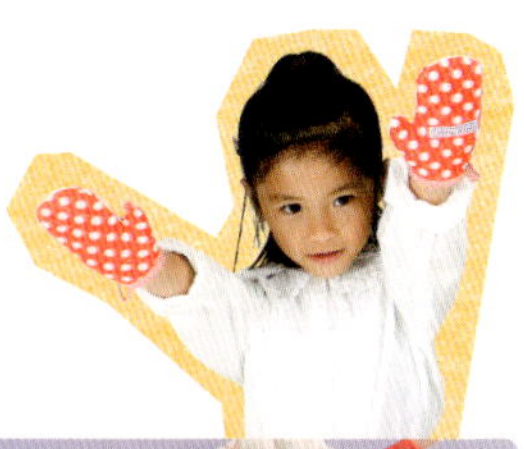

How to make

使う道具

材料(両手分)
- 紙A4サイズ ………………… 1枚
- キルト生地 40×32cm ……… 1枚
- バイアステープ
   1.1cm幅×28cm …………… 2本
- ※手のサイズにより異なる。

1. 紙の上に子どもの手をおいて、サイズに合わせた型紙を作ります。

   手の周りに少し広めの余裕をもたせて、フリーハンドでOKです！

2. 1で作った型紙を使って、チャコペンでキルト生地に写し、縫いしろ0.5cmをとって切ります。

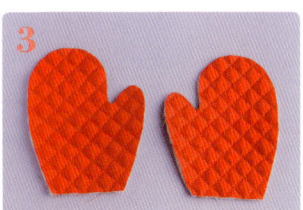

3. 同じ向きの本体を2枚作らないように、型紙を裏返して左右対称の本体を1枚ずつ作りましょう。

お手伝い

4. 3の2枚を中表で合わせ、型紙の線に沿ってミシンをかけます。チャコペンの頭などを使って裏返します。

5. バイアステープの折り目をそのまま利用して、ミトンの裾をテープの両側ではさみこみます。

   バイアステープの片端が約8cmとび出るように。掛け紐になります。

6. バイアステープを小指側のわき縫い線からミシンで1周縫います。とび出したテープも端を縫い合わせます。

7. とび出したバイアステープでわを作り、テープの端をミトン内側のミシン目上から縫いつけたら完成です。

表と裏でキルト生地の柄を変えると、楽しいデザインになりますよ。

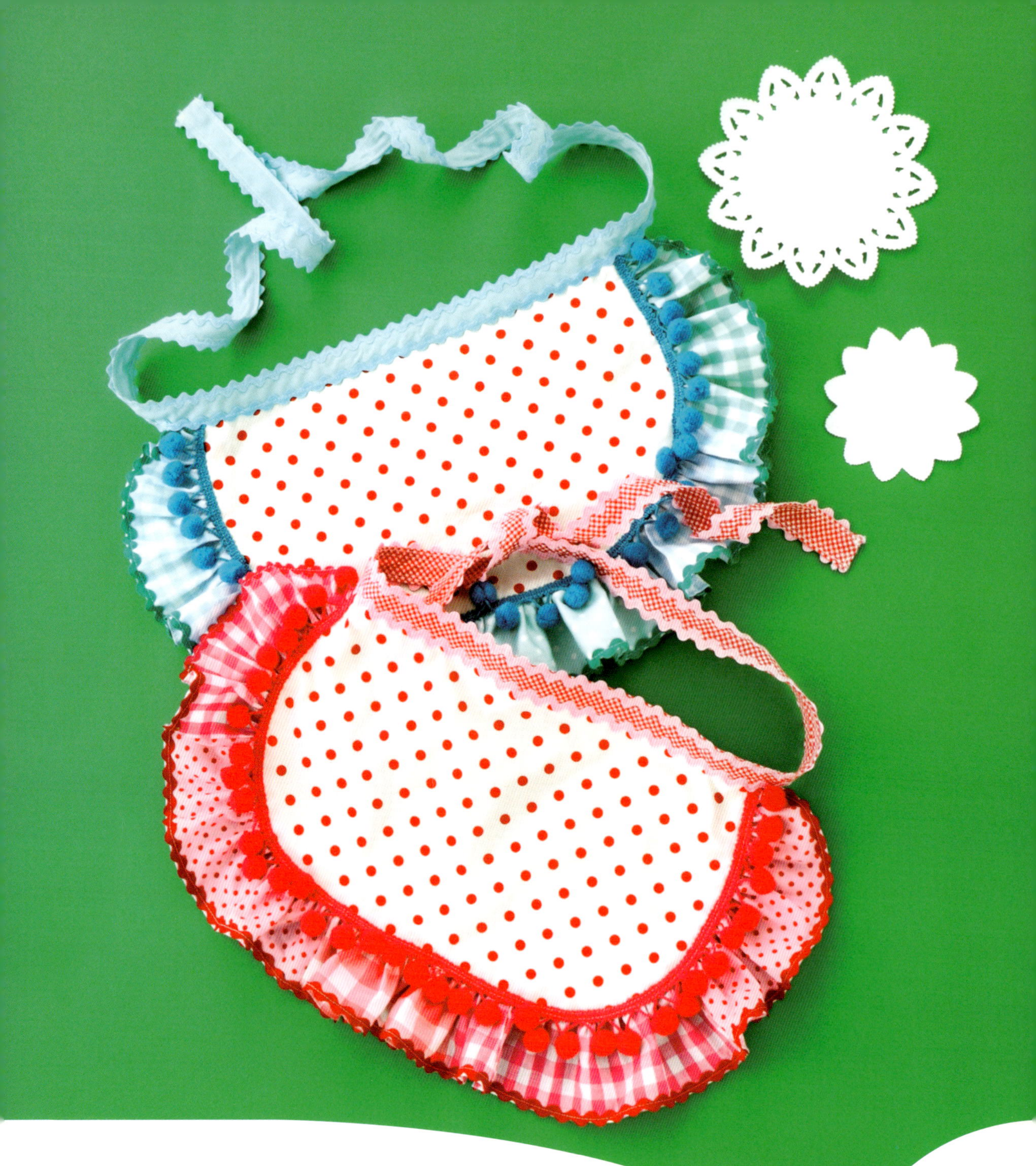

ツギハギ布がCute
エプロン

フリフリがおしゃれさんでしょ。

How to make

🖊 **使う道具**

🎀 **材料（1着分）**
・コットン生地
　A本体用 20×31cm ………… 1枚
　Bフリル用 8×33cm ………… 5枚
※柄は全て異なるものがオススメ。
・リックラックテープ
　A 152cm（フリル用） ………… 1本
　B 115cm（ベルト布用） ………… 2本
・ポンポンブレード 58cm ………… 1本
・バイアステープ
　1.1cm幅×115cm ………… 2本

🎀 **使う型紙**
D-1、D-2、D-3（P91）

1 各型紙を使って布を切ります。（D-1／エプロン本体1枚、D-2フリル用3枚、D-3／フリル用2枚）

※型紙D-1についた合印をつけるのを忘れないように！

2 ロックミシンをかけたフリル布5枚を、D-3の布が両端にくるようにそれぞれの布端を合わせます。

3 2で合わせた布端のつなぎ目（4か所）を全てミシンで縫い合わせ、縫いしろはアイロンで割ります。

4 カーブがある側の辺の端から約1cmに、ギャザーをよせるためのミシン目を作ります。

※どちらかの糸が引っ張れるように、上糸の糸調子を弱くします。

5 フリルの端（4の逆側）を約1cm折りたたみ、リックラックテープをミシンで縫いとめます。

※リックラックテープは中心を縫うときれいにつけることができます。

6 4で縫ったミシン糸を力をいれすぎないように引っ張りながら、フリル布にギャザーをよせていきます。

7 エプロン本体の印とフリル布のつなぎ目部分を合わせてから、ギャザーの長さを少しずつ調整していきます。

8 エプロン本体とフリル布を中表で合わせ、型紙の線に沿って縫い合わせます。

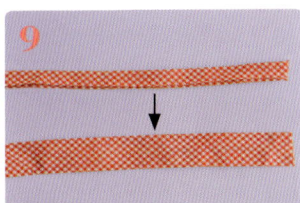

9 市販の折りたたまれているバイアステープを開き、そのままベルト布として2本使用します。

10 2本のバイアステープでエプロン本体をはさみながら、バイアステープのきわを1周ミシンで縫い合わせます。

11 ベルト布の表側両端にリックラップテープをミシンで縫いとめます。

12 本体とフリル布の縫い合わせ線上から、お好みでポンポンブレードを飾りとして縫いつけたら完成です。

完成♪

MaMan*'s Idea1

親子で手作りのススメ

本書では、「ママと子どもが一緒に作る」を意識した小物を数多く掲載。
各小物の工程に登場するチョキチョキ、ペタペタ、ツメツメなど、
子どもが楽しんでできる作業を紹介します。

かんたん ねんど詰め

＼ぐにぐに、つめつめ／

子どもが熱中してしまう作業。どの年齢のお子さんも楽しんでできます。
● プリン＆ムース（P39）、タルト（P41）

かんたん 綿詰め

＼ほわほわ、つめつめ／

詰める綿の分量さえ気をつけてあげれば、子どもは上手に綿を詰めていきます。
● ハンバーグ（P31）、ドーナツ（P43）など

ふつう おりがみ

＼おりおりおりおり♪／

子どもが大好きなおりがみ。色を変えてたくさん折ってもらいましょう。
● おりがみアイス（P49）

ふつう パンチ開け

＼よいしょぱっちん☆／

型紙の印通りに穴を開けるのは難しいですが、飾り用なら子どもでも大丈夫です。
● 目玉焼き（P26）、おりがみアイス（P49）

むずかしい ボンドを塗る

＼ぬりぬりぬりぬり／

広い面にボンドを塗るのは、子どもでも楽しんでできる作業です。塗りすぎには気をつけて。
● ドーナツ袋（P13）、お皿（P14）など

むずかしい 貼りつける

＼ぺたぺたぺたり／

貼る位置を教えたら、子どもは一生懸命貼りつけます。間違えたらやり直せばいいだけのことです。
● クッキー（P33）、ドーナツ（P43）など

むずかしい はさみで切る

＼ちょきちょきちょっきん／

まずは大きな物から、徐々に細かい物にも挑戦しましょう。はさみの扱いには気をつけて。
● ロールキャラメル（P35）など

むずかしい 型をなぞる

＼ぐぐぐぐーかきかき☆／

最初は上手くいかなくても、子どもは楽しんで型をなぞります。カンタンな型から挑戦してみて。
● 型抜きクッキー（P34）、おくすりケース（P86）など

※あくまでも目安として、かんたんマークは3歳以上、ふつうマークは4歳以上、むずかしいマークは5歳以上を対象としています。
お子さんにお手伝いできるかどうかは、ママ自身でご判断ください。道具を扱うときはママが側についているようにしましょう。

Part 2
シェフごっこしましょ！

キッチン遊びとレストランごっこを存分に楽しめるように、子どもの大好物からママも恋するカフェSweetsまで、盛りだくさんのメニューを紹介します。それぞれの作品には、飽きがこない楽しい仕掛けが満載です。

各ページにぼくが隠れているよ。探してみてね。

MaMan* Cafe

本日のシェフのおすすめ料理はね、
"もりもりお子さまランチ"と、
"シェフのきまぐれ何でも炒め"だよ。
スプーンやコップもきれいに並べるの。
いそいで、いそいで。
早くしないと、お客さまの
パパとママがきちゃうんだから。

ボタンがかわいい黄身に☆
目玉焼き

 型紙あり 10分  かんたん

How to make

◉ 使う道具

◉ 材料（1個分）
- フェルト（白・黄色） 9×9cm ……… 各1枚
- ボタン（黄色）直径約2cm ……… 1個

◉ 使う型紙　E（P92）

1
型紙Eを使って、白と黄色のフェルトをそれぞれ切ります。※白のフェルトは型紙の穴の中心点も写すこと。

2
白のフェルトは型紙の穴の中心点に合わせて、1つ穴パンチで穴を開け、ドット（フェルトの丸型）を作ります。

3
パンチではドットをしっかりと抜ききれないので、最後はハサミで切り取ります。

＊ドットは、いろいろ使えるのでとっておきましょう。

4
白のフェルトに円を描くように、そしてスカラップ部分をふち取りをするようにボンドを塗ります。

5
黄色と白のフェルトを貼り合わせます。ボンドが乾くまでおきます。

6
ボタンの裏にボンドを塗って、白いフェルトの中央につけ、ボンドが乾いたら完成です。

＊ボタンが取れてしまうのが心配な場合は、縫いつけてもOK！

野菜ぎらいも克服!?
サラダ

 型紙あり 5分  かんたん

How to make

◉ 使う道具

◉ 材料（1枚分）
- フェルト（緑）9×9cm ……… 1枚

◉ 使う型紙　E（P92）

1
目玉焼きの1〜3の要領でフェルトを切って穴を開けたら、スカラップ1個分にボンドを塗ります。

2
ボンドを塗ったスカラップを半分に折りたたみ、洗濯ばさみではさみます。ボンドが乾いたら完成です。

蝶々のようなかわいいパスタ★
ファルファッレ

型紙あり　5分　かんたん

How to make

● 使う道具

● 材料（1個分）
・フェルト（淡いオレンジ）
　9×9cm ……………………… 1枚

● 使う型紙　E（P92）

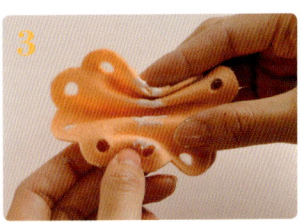

1

26ページの目玉焼きの1〜3の要領でフェルトを切り、穴を開けます。

ドットはラビオリで使うのでとっておきましょう。

2 お手伝い

フェルトに中心線を引くようにボンドを塗ります。穴より外側の部分は表に出るのでボンドを塗りません。

3
4つのひだ山を作るようにフェルトを折りたたみます。

4
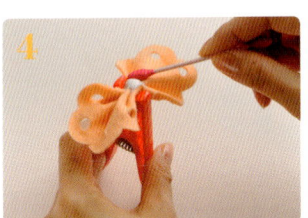
すべてのひだを洗濯ばさみではさみ、はみ出したボンドは綿棒で取りのぞきます。

5

乾いたら洗濯ばさみをはずして裏返し、ひだ内側にボンドを塗ります。洗濯ばさみではさんで乾いたら完成。

クリームパスタのいっちょあがり。

肉詰めが楽しめる仕掛けあり！
ラビオリ

型紙あり　5分　かんたん

How to make

● 使う道具　　● 使う型紙　E（P92）

● 材料（1個分）
・フェルトA 淡い黄色 9×9cm ……… 1枚
　　Bドット（淡いオレンジ）…10個
・ボタン（茶色）……………………… 1個

1 お手伝い

フェルトを型紙Eに合わせて切り、ボンドでファルファッレの1で切り取ったドットを貼りつけます。

2

ボンドを塗る長さはスカラップ1個分が目安！

1を裏返し、2か所にボンドを塗って半分に折り洗濯ばさみではさみます。ボンドが乾いたら完成です。

3

できあがったら、お肉にみたてたボタンを出し入れして遊びましょう。

part2 シェフごっこしましょ！

027

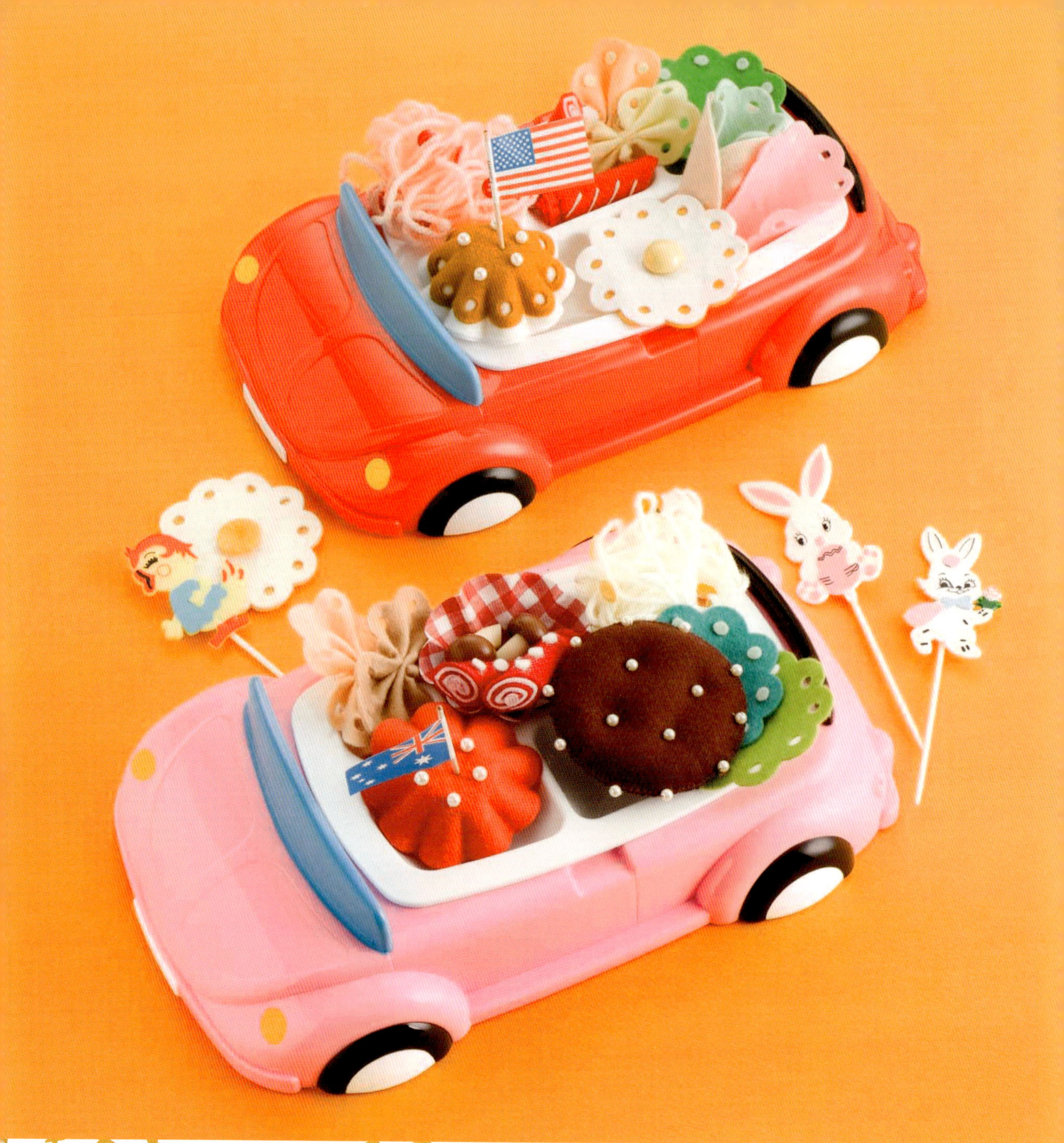

プレートにかわいく盛りつけて☆

お子さまランチ

型紙あり 30分 ふつう

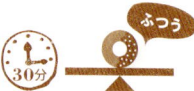

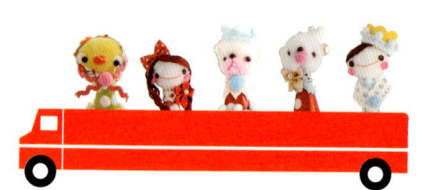

How to make

● 使う道具

● 材料（1個分）
チキンライス
・フェルト（オレンジ）9×9cm ……2枚
・パールビーズ ……………………5個
・お子さまランチ用フラッグ ……1本
ウィンナー
・フェルト
　A赤9.5×9.5cm ………………1枚
　Bピンク7×7cm ………………1枚
スパゲティ
・毛糸（オフホワイト）……………適宜
・ラミネート生地9×9cm …………2枚
・ボタン（クリーム系）……………8個

● 使う型紙
チキンライス、スパゲティのカップ
F（P92）

※使うのはブリオッシュ型（2個）プリンの空き容器でも代用可。

チキンライス

1
型紙Fを使ってオレンジのフェルトを2枚切り、うち1枚にうずまきを描くようにボンドを塗ります。

2
フェルトを2枚貼り合わせ、ブリオッシュの型にゆったりと沿わせるように押しこみます。

3
2の上からブリオッシュの型をぎゅっと押しこむように重ね、形が安定するまで一晩ほどおきます。

4
お好みでパールビーズ5個を飾りつけてもOK！
目打ちで穴を開けて、お子さまランチ用フラッグを立てたら完成です。

ウィンナー

1
ボンドは両端を1cmくらい開けて塗るのがポイント！
赤とピンクのフェルトをピンクを上にして重ね、赤のフェルトの端にボンドを塗ります。

2
最後にピンクのフェルトがはみ出す場合は、はさみで切ってOK！
ボンドを塗った部分を折りたたんでから、のり巻きを巻くようにくるくるとフェルトを巻いていきます。

3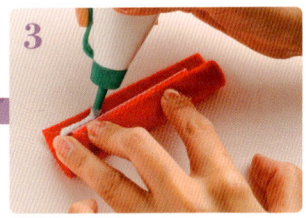
巻き終わったら赤いフェルトの端にボンドを塗って洗濯ばさみ3本ではさみ、乾くまでおきます。

4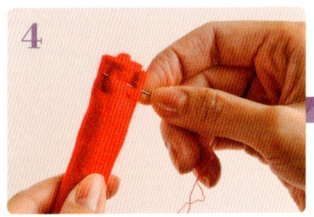
数針ほどなみ縫いしてから、糸を2〜3回ぐるぐると巻きつけ玉どめします。※両端。

5
ウィンナーをはさみで斜めに半分に切って完成です。断面にきれいなうずまきができれば成功！

マジックテープでウインナー断面のつけはずし遊びが楽しめます。
お好みで表面部分にフェルトのドットを貼ったり、断面に小さなマジックテープを貼りましょう。

スパゲティ

カップはラミネート生地を使って、チキンライスと同様に作れば完成です。市販のアルミカップでも可。

毛糸を指4本に30回程度巻きつけわの1か所を結びます。表面にボタンをボンドで貼って完成。

完成！

チキンライス
ファルファッレ（P27）
ウィンナー
スパゲティ
サラダ（P26）
目玉焼き（P26）
ハンバーグ（P31）

Bigバーガーを作っちゃお！
ハンバーガー

How to make

使う道具

材料（1個分）
ハンバーグ
- フェルト（濃い茶9×9cm）……2枚
- パールビーズ……14個
- 手芸用綿……適宜

バンズ
- フェルトA 薄い茶色9×9cm……2枚
   B 肌色9×9cm……2枚
   C 濃い茶色9×9cm……1枚
- パールビーズ……10個
- 手芸用綿……適宜
- ポンポンブレード56cm……1本

レタス＆ケチャップ
- フェルト（緑、赤）9×9cm……各1枚

ハム
- フェルト（ピンク）9×9cm……1枚

使う型紙
ハンバーグ、バンズ本体、ハム
F（P92）
バンズ飾り、レタス＆ケチャップ
E（P92）

ハンバーグ

1
型紙Fを使って濃い茶色のフェルトを2枚切ります。

2
綿を詰める部分を約3.5cm残して、ブランケットステッチでフェルトを縫い合わせ、綿を詰めます。

お手伝い！綿は全体がややふっくらする程度に詰めます。

3
綿詰め穴を縫い合わせ、ハンバーグの円周に沿ってパールビーズを等間隔で縫いつけます。

4
中央部分にもバランスよくパールビーズを縫いつけて完成です。ハンバーグ表面はくぼむのが正解です。

バンズ

1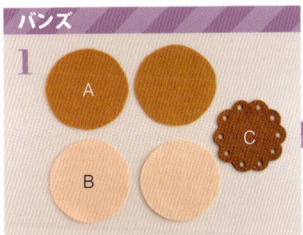
フェルトCは型紙Eを使って切り、パンチで穴を開けます。フェルトAとBは型紙Fで各2枚用意。

2
フェルトAとBを1枚ずつ合わせ、綿詰め穴を残してブランケットステッチで縫います。※2個完成。

3
綿を詰めていきます。詰め終わったら、綿詰め穴をブランケットステッチで縫い合わせます。

お手伝い！綿はハンバーグより少し多目に詰めます。

4
バンズの周りにポンポンブレードをバックステッチで縫いつけます。下のバンズはフェルトA側につけます。

ポンポンが横にとび出るように！

5
上側のバンズの表にフェルトCを重ね、パールビーズをスカラップの谷部分へ等間隔で縫いつけます。

6
フェルトCのスカラップ部分にボンドを縫ってうきをおさえたら完成です。

レタス＆ケチャップ

1
26ページのサラダの要領でレタスとケチャップを作ります。型紙Fを使ってピンクのフェルトはハムに。

完成！

- バンズ（上）
- レタス
- ハンバーグ
- ハム
- ケチャップ
- バンズ（下）

黄色のフェルトでチーズもOK！

バンズにハンバーグ、レタス、ケチャップ、ハムなどをお好みではさんで完成です。

特大チーズバーガー、のこさず食べてね。

クレープ生地で何でもまきまき！
クレープ

How to make

使う道具

材料（1セット分）
- フェルト（肌色）18×18cm ……1枚
- ラミネート生地 14×14cm ……1枚
- リックラックテープ 56cm ……1本
- スナップボタン ……1組
- おもちゃのスイーツ ……1個

使う型紙 B（P90）

1. 型紙Bで肌色のフェルトを切りパンチで穴を開けます。ラミネート生地は14cm角の正方形に切ります。

2. ラミネート生地の周りにリックラックテープをミシンで縫いつけます。テープ中央と生地端が合うように。

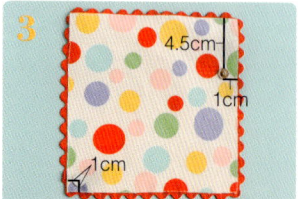

3. 写真の位置にスナップボタンをつけます。ボタンのつけ方は商品の説明書きを参考にしてください。

4. スナップボタンをとめたら、クレープの包み紙の完成です。

5. ボタンをとめたときに筒が一番長くなるこの状態が正解です。

6. フェルトで作ったクレープ生地をくるりとひと巻きして、包み紙に差しこみます。

7. 中身にお手持ちのスイーツのおもちゃをお好みで入れたら、クレープの完成です。

お手伝い

何でも包めちゃうのがクレープ遊びの楽しいところ！

チョコといちごとバナナをまきまきしたよ。

カラーバリエーションを楽しんで♡
クッキー

How to make

● 使う道具

● 材料（1枚分）
- フェルト
  A 肌色 9×9cm ……………… 1枚
  B 薄い茶色 9×9cm ………… 1枚
- ボタン ……………………… 3個

● 使う型紙　E（P92）

1. 26ページの目玉焼きの要領で型紙Eを使いフェルトを切ります。肌色はパンチで穴も開けます。

（ドットはこの後で使うのでとっておきましょう。）

2. 肌色のフェルトにボンドを塗ります。スカラップ部分をふち取り、中央には円を描くように塗ります。

3. 肌色と薄い茶色のフェルトをぴったりと貼り合わせます。

4. 薄い茶色のフェルトのスカラップ部分に点をつけるようボンドを塗ります。

5. 4で塗ったボンドの上から、1でとっておいた肌色のドットを貼りつけていきます。

6. ボタンの裏側にボンドを塗り、肌色のフェルトに貼りつけて完成です。

（とれてしまうのが心配な場合は、縫いつけてもOK！）

完成♪

色や形を変えて、いろいろなクッキーを作ってみましょう。

お手持ちのクッキー型でOK！
型抜きクッキー

⏱ 60分　ふつう

How to make

● 使う道具

● 材料（1枚分）
- フェルト
  A 茶色 9.5×9.5cm ……… 1枚
  B クリーム色 9.5×9.5cm … 1枚
- ポンポンブレード 40cm …… 1本
- 手芸用綿 ………………… 適宜

お手伝い

型抜きクッキーで遊べるんだよ。

1

9.5cm角に茶色とクリーム色のフェルトを切り、チャコペンでバンビのクッキー型をふちどります。

チャコペンでふちどれない部分はシャーペンがおススメ。

2

1か所に切りこみを入れ、本体からバンビだけを線の通りにていねいに切り抜きます。

3

茶色のフェルトも同じようにバンビ型に切り抜きます。※切り抜き後の本体フェルトも使います。

4

バンビをブランケットステッチで縫います。両足の内側から綿を詰めるので内側は縫わずに残します。

糸は切らずにいったん針を抜き、後でそのまま使います。

5

バンビの足の内側から綿を詰めていきます。耳など、綿が入りにくい部分は細いもので詰めていきます。

6

バンビのふちに好きな色鉛筆で色を塗っていきます。

綿を詰めたら、続けて4で残しておいた糸で続けて縫います。

7

2枚の本体フェルトを縫い合わせます。綿を詰めるために右端と底辺は縫わずに残しておきます。

バンビ部分を縫いあげてから、四角いふちを縫いましょう。

8

本体に綿を詰め、上側のフェルトのみをすくってポンポンブレードをふちに縫いつけたら完成です。

子どもと一緒に、くるくるくる◎
ロールキャラメル

子どもと一緒に楽しんで作れる小物です。

How to make

● 使う道具

● 材料（1個分）
・フェルト
　Aピンク1×20cm ……… 1枚
　B紫1×20cm ……… 1枚
・つまようじ ……… 1本
・リボン ……… 適宜

1　紫とピンクのフェルトを、それぞれ長さ1cmに切ります。横幅はフェルトの大きさに合わせればOKです。

2　各フェルトを左右約5mmずらして重ねます。下においたフェルトが表面にくるのでお好きな色を下に。

3　下側のフェルトのずれた部分にボンドを塗り、ボンドを塗った部分を上側のフェルトの方へ折り返します。

4　3で折り返した部分を芯にするイメージで、くるくるとフェルトを巻いていきます。

フェルトがうかないようときどき引き締めながら巻きましょう。

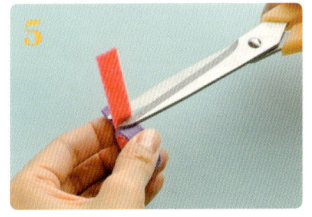

5　端まで巻いたら、外側を約5mm長くして内側のフェルトを切り、残ったフェルト中面にボンドを塗ります。

6　ボンドを塗った部分が安定するように洗濯ばさみではさみます。ボンドが乾いたら完成です。

Arrange 棒つきキャンディ

1　目打ちを使ってロールキャラメルの巻き終わり部分に穴を開けます。

2　1で開けた穴につまようじの先をさしたら完成です。お好みでリボンを結んで。

はい、お待たせしました。
ご注文のシャーベットとマカロンです。
もぐもぐ、ごくごく。おいしいな。
次は、わたしがウェイトレスさんだよ。
入り口からくるところからやってね。
あっお客さんだ。
「いらっしゃいませ。MaMan* Cafeへようこそ」

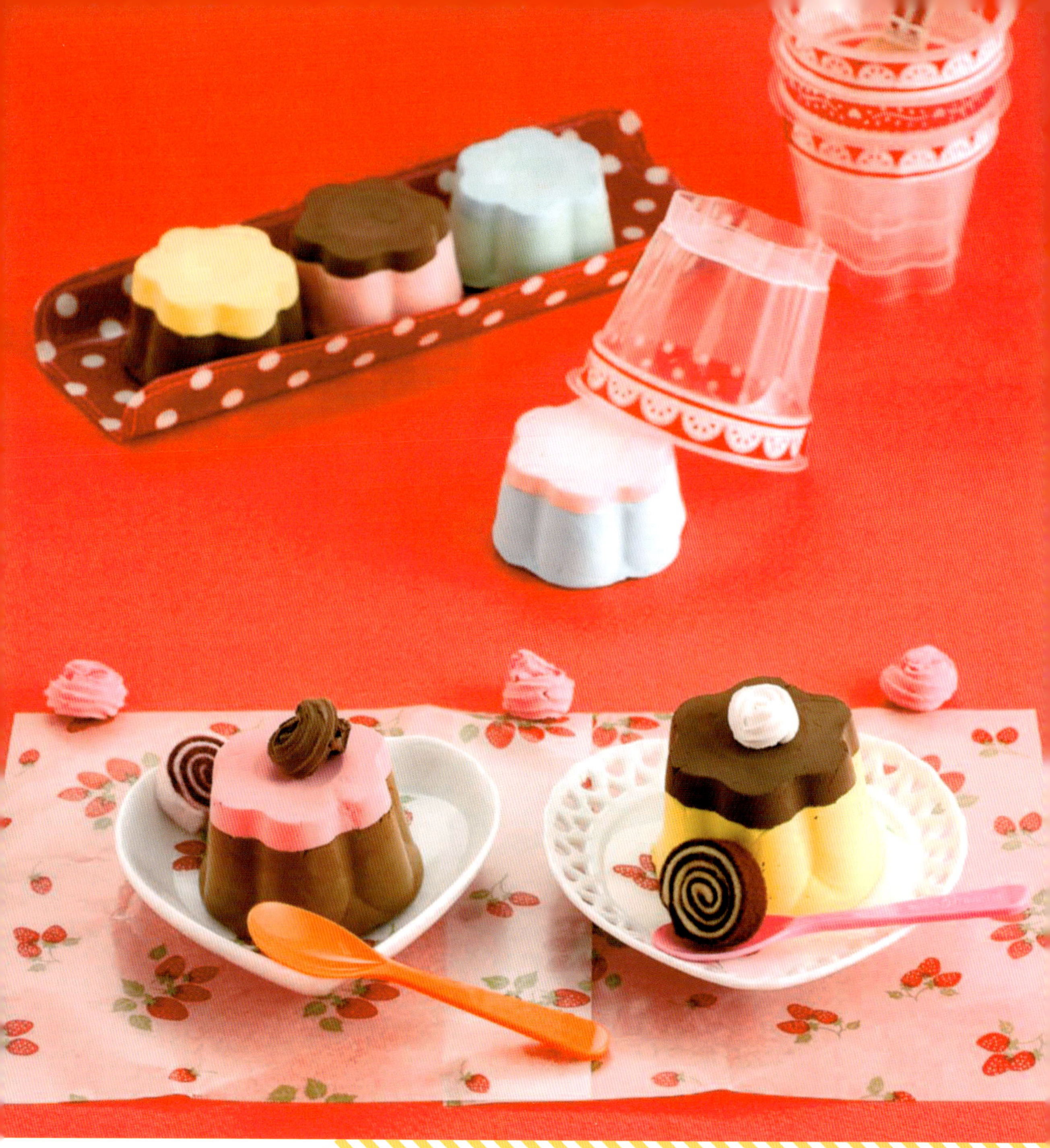

フワフワねんどをつめつめ☆

プリン＆ムース

10分　かんたん

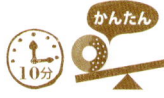

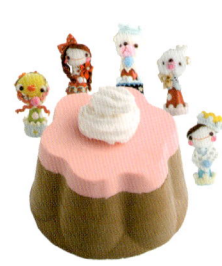

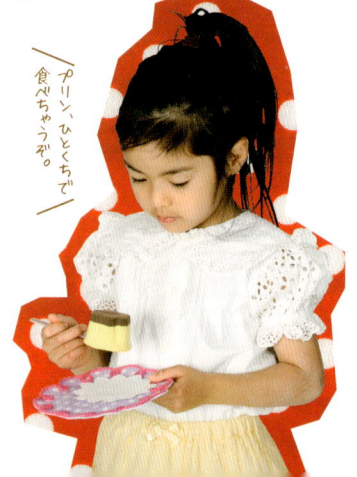

プリン、ひとくちで食べちゃうぞ。

How to make

🔸 **材料（1個分）**
- フワフワムースのかみねんど
  A 茶色 ……………… 約10g
  B 黄色 ……………… 約30g
- プリンの空き容器 ……………… 1個
- マスキングテープ ……………… 適宜

※フワフワタイプの紙ねんどでも硬さによって上手にできない場合があります。制作では下記商品を使用しています。
フワフワムースのかみねんど
発売元：クツワ株式会社
（商品サービスセンター 06-6745-5611）

1  フワフワタイプの紙ねんどの茶色と黄色を用意します。

💬 フワフワタイプでないと、型からきれいに出せないので注意！

お手伝い
2 茶色の紙ねんどをプリンの空き容器へすきまができないように詰めていきます。

💬 2〜9まで乾燥時間をはさむ必要はありません。一気に作業します。

3 1cmくらいの高さまで詰めたら、横から見ながら平らになるように指でなぞって調整しましょう。

お手伝い
4 茶色の紙ねんどの上から、今度は黄色の紙ねんどを詰めていきます。

お手伝い
5 表面にしわが出ないように、ある程度のかたまりを入れて押し広げていくイメージです。

お手伝い
6 詰め終わったら容器を逆さにします。底に空気を入れるトゲがあったら、倒して空気を入れましょう。

7 プリンを容器から取り出します。両手で容器を押しながら、プリンと容器の間に空気を入れていきます。

8 あせらずにゆっくりとやるのがポイントです。強く押しすぎて形をくずしてしまわないように。

💬 容器を押しすぎると紙ねんどが分離してしまうので注意！

お手伝い
9 プリンと容器の間にすき間ができると、自然とプリンが抜けるようになります。

10 表面のでこぼこを指でならして完成です。乾燥時間は紙ねんどの説明書きを目安にしてください。

完成

Arrange ムース

紙ねんどの色を変えれば、チョコムースやミントムースに！

お手伝い

💬 プリンのカップもCuteにデコレート。おままごと遊びで大活躍します。

クリームでおいしさUp ♡
タルト

5分 かんたん

040

How to make

使う道具

材料（1個分）
・フワフワムースのかみねんど
　A 茶色 ……………………… 約30g
　B 肌色 ……………………… 約30g
　C 白 …………………………… 適宜

※フワフワタイプの紙ねんどでも硬さによって上手にできない場合があります。制作ではフワフワムースのかみねんど（発売元：クツワ株式会社）を使用しています。※問い合わせ先は39ページ。

お手伝い

1 タルト型に茶色や肌色の紙ねんどをすき間ができないように詰めていきます。

型いっぱいに紙ねんどを詰めたほうが取り出しやすくなります！

2 詰め終わったら、乾燥時間をはさまずに型を押して型と紙ねんどの間に空気を入れます。

3 ひき続き、1つのスカラップ部分のふちをつまようじでなぞります。

4 その部分が傷ついてしまうのはいったんあきらめて、つまようじでぐっと紙ねんどを持ちあげます。

5 表面へ突き出ないように気をつけながらつまようじを紙ねんどに垂直にさして型から引き出します。

6 つまようじでくずれた部分を指で整えたら完成です。乾燥時間は紙ねんどの説明書きを目安に。

タルト型も種類がたくさん。いろいろ作ってみましょう！

Arrange クリームサンドの生クリーム

お手伝い

1 生クリームを作ります。しぼり器の口金部分に白色の紙ねんどをすき間なく詰めます。

2 詰めた紙ねんどを親指を押しこんで押し出します。※少し力を入れないと押し出せないかもしれません。

3 1と2をくり返してある程度の長さになったら、生クリームをくるくるとねじります。

4 ねじった手を離さずに口金をくるっと回してクリームのわを作ります。

5 長さを調節すればいろいろな形が完成。クリームを上下タルトではさんだら、クリームサンドになります。

完成！

Part2 シェフごっこしましょ！

カラーバリエーションを楽しむ！
ドーナツ

How to make

🖊 **使う道具**

🖊 **材料（1個分）**
- フェルト
  - Aクリーム色 12×12cm ……… 2枚
  - Bこげ茶色 11×11cm ……… 1枚
  - Cドット（青、水色） ……… 12個
- 手芸用綿 ……… 適宜
- リボン
  - A 2.5cm幅×5cm ……… 1本
  - B 1.5cm幅×5cm ……… 1本
- ストロー ……… 1本

🖊 **使う型紙**
G-1、G-2（P92）

1 型紙G-1を使ってクリーム色のフェルトをドーナツ型に2枚切ります。

2 こげ茶色のフェルトは26ページの目玉焼き1〜3の要領で切ります。青と水色のドットは、各6個用意します。

3 クリーム色のフェルト2枚をブランケットステッチで縫います。綿詰め穴を3.5cm残しておきます。

4 お手伝い ドーナツに丸みと弾力が出る分量の綿を全体にまんべんなく詰めていきます。

5 綿をすき間なくしっかりと詰めるには、チャコペンの頭で押しこみながら入れていくとよいでしょう。

6 綿を詰め終えたら、残しておいた綿詰め穴をブランケットステッチで縫い合わせます。

7 お手伝い こげ茶色のフェルトの穴に、青と水色のドットを交互に押しこんで埋めていきます。

8 お手伝い こげ茶色のフェルトのスカラップ部分のふちと穴の周りにボンドを塗ります。

9 お手伝い ドーナツの丸みに沿わせるように8のフェルトを貼りつけて完成です。

完成 パールビーズやポンポンブレードでデコレーションを楽しんで！

Arrange スティックドーナツ

1 ドーナツの裏側に、3つ折りにした2.5cm幅のリボンの上側と左右をかがり縫いで縫いつけます。

2 1の向かい側に1.5cm幅のリボンの両端を1つ折りし、折り目のきわをかがり縫いで縫いつけます。

3 リボンにストローを通せば、スティックドーナツの完成です。

13ページの移動販売BOXにさして遊びましょう。

043

かわいいSweetsの王道！
マカロン

Macaron

How to make

🖍 **使う道具**

🧵 **材料（1個分）**
- フェルト（ピンク）4×4cm ……… 2枚
- コットン生地 8×8cm ……… 2枚
- ポンポンブレード 16cm ……… 1本
- シャーリングレース 16cm ……… 1本
- パールビーズ ……… 1個
- 手芸用綿 ……… 適宜
- マジックテープ ……… 少量

🧵 **使う型紙**
H-1、H-2（P93）

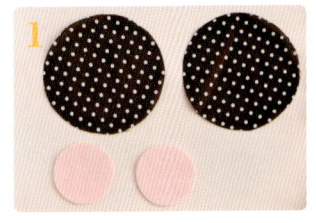

1 型紙H-1でコットン生地、型紙H-2でフェルトをそれぞれ2枚切ります。

2 マカロンの上側を作ります。コットン生地の布端5mmあたりを1周、なみ縫いで縫います。※ギャザー用。

3 2の糸を引っ張ってギャザーをよせながら、生地に立体的な丸みをもたせます。

（ギャザーをよせた後は直径が4.5cmくらいになります。）

4 ギャザーにかたよりが出ないように注意しながら、たっぷりと綿を詰めます。

お手伝い

5 綿をおさえるようにフェルトをふたにして合わせ、かがり縫いで縫いつけます。

6 ポンポンブレードの下側の端とフェルトの端を合わせて縫いつけます。

7 2〜5の要領でマカロンの下側を作り、周りにシャーリングレースを縫いつけます。

（レースの中央がフェルトの端にそろうように！）

8 上下それぞれフェルト面の中央に、マジックテープを十字に糸を渡すように縫いとめます。

（マジックテープはパンチで切り抜きます。）

9 マカロン上側のコットン生地面中央にパールビーズを縫いとめます。

完成 上下をマジックテープで合わせて、マカロンの完成です。

マジックテープがついているから、マカロン上下のつけかえ遊びが楽しめます！

おいしいマカロンもぐもぐもぐ。

Part 2 シェフごっこしましょ！

045

ポンポン作りが楽しい!!
アイスクリーム

How to make

使う道具

材料(1個分)
アイスクリーム
- 毛糸(色はお好み)約11m ……1本
- フェルトドット(1色) ………20個
- 厚紙5×12.5cm ……………1枚
- 丸形マジックテープ …………1組

アイスクリームサンド
- 33ページのクッキー完成品 …2枚
- 丸形マジックテープ …………1組

使う型紙
I(P93)

\スプーンで少しずつたべるんだよ。/

アイスクリーム

1 型紙Iを使ってポンポン作成用の厚紙を作ります。毛糸の片側を約7cm残して片側の柄に1巻きします。

2 次は両方の柄に毛糸を渡し、100回くらい巻きつけます。巻き終わった毛糸は切ってしまってOKです。

3 厚紙の中央空き部分に別毛糸を通して、毛糸の束をしっかりとひとまとめに結びます。

はずれてしまわないようにしっかり結ぶのがポイントです。

4 毛糸のわに、はさみを入れてざっくりと切ります。※柄の両方。

お手伝い

5 ポンポンがきれいなボールになるように毛糸の先を少しずつ切りそろえていきましょう。

6 フェルトのドットをバランスよくポンポンにボンドで貼っていきます。

7 マジックテープのフック面とループ面を半分に切って1対にし、ポンポンの上下に縫いとめれば完成。

テープの両面を組み合わせると向き合わせると向きに関係なく取りつけが可能。

Arrange アイスクリームサンド

1 33ページのクッキーを2枚用意します。2枚の色が違う方が仕上がりがかわいくなります。

2 各クッキーの裏面にシールタイプのマジックテープを貼り、糸を十字に渡す形でとめていきます。

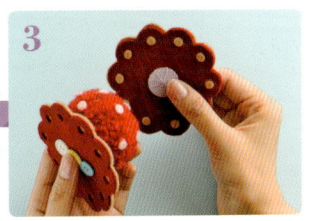

フェルトの裏面だけをすくってマジックテープをとりつけること!

3 アイスクリームをクッキーではさんだら完成です。マジックテープだから自由につけかえ遊びが楽しめます。

Arrange トリプルコーン

1 毛糸の色を変えて、いろんな味を作りましょう。

2 32ページのクレープの包み紙とクレープ生地にアイスクリームを重ねたら、トリプルコーンの完成です。

お好みでアイスのてっぺんにロールキャラメルを飾って。

17cm角の厚目の色つき紙をこんな風に切ってパンチで穴を開け、縦横に折り目をつけます。くるりと巻けば紙のコーンが完成!

Part2 シェフごっこしましょ!

Ice Cream

おりがみは子どもの出番★
おりがみアイス

How to make

紙ふうせん

● 使う道具

● 材料（1個分）
- おりがみ A 紙ふうせん用 ……… 1枚
  - B 飾りドット用 ……… 適宜
  - C 包み紙用 ……………… 1枚
- ストロー ……………………… 1本
- シール ………………………… 1枚

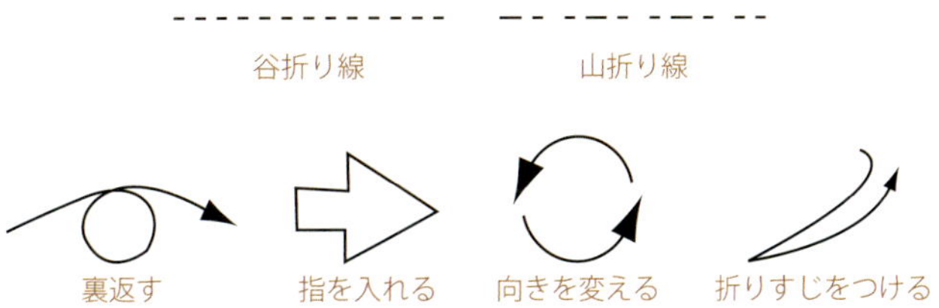

谷折り線　　　山折り線

裏返す　　指を入れる　　向きを変える　　折りすじをつける

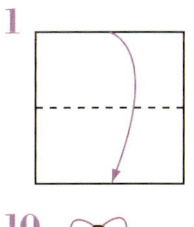

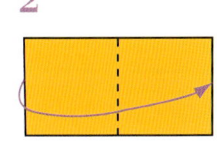

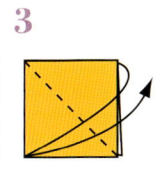

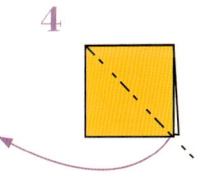

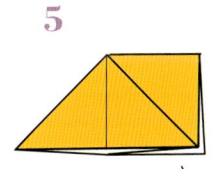

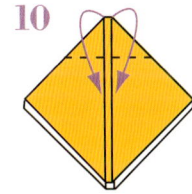

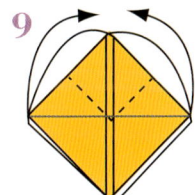

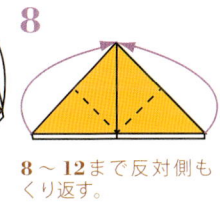

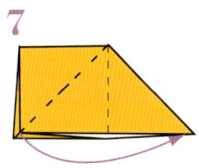

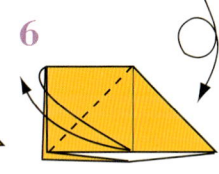

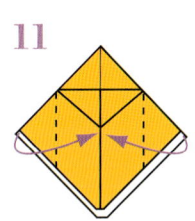

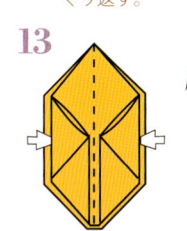

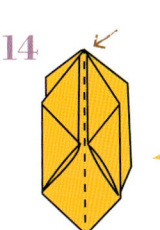

1　2　3　4　5

10　9　8　7　6

8～12まで反対側もくり返す。

11　12　13　14

中へさしこむ。

息をふきこんでふくらませたら完成。

お手伝い

1 おりがみで紙ふうせんを作ります。折り方は上の折り図を参考にしてください。

2 お好みでおりがみのドットを紙ふうせんにボンドで貼ります。※のりでも可。

3 飾りつけの別バージョンも紹介。紙ふうせんの一面にボンドを塗っておきます。

4 おりがみのドットを上からパラパラと振りまきます。自然なデコレーションが楽しめますよ。

この場合両面タイプのおりがみがおススメです。

5 紙ふうせんの中央に目打ちで穴を開けストローを通し、おりがみの包み紙にさせば完成です。

包み紙はおりがみを筒状に巻いてシールでとめるだけ。

完成！

お好みで紙のコーン（47ページ）を追加しても。Cute。

MaMan*'s Idea 2

おままごと盛りあげ100円グッズ

手作り小物と市販のアイテムを上手に組み合わせるのがMaMan*流。
必要なのはお金ではなくちょっとしたアイデアとセンスです。
100円Shopグッズを上手に取り入れて、おままごと遊びを盛りあげましょう。

A / B / C / D / E / F / G

H

I / J カラトリーBOXに最適。 / K 飾りをつけて収納缶に。

L カチューシャ(P18)に早変わり。

M お片づけ箱に最適。

N カフェ看板(P89)の飾りつけに最適。

O お買い物ごっこの袋に最適。

P / Q

A トレー／おままごと小物をのせて。**B** めん棒 **C** トング **D** ボウル **E** 泡立て器／シェフごっこ遊びに最適。**F** 動物クッキー型／型抜きクッキー(P34)、動物のアクセサリー(P68)で使用可能。**G** ブリオッシュ型／チキンライス・スパゲティ(P29)で使用。**H** 取手つきプラスチック容器／ドクターBOX(P87)で使用。**I** 木のおもちゃ／ドールハウス小物として活躍。**J** 小物入れ **K** オイルポット **L** シュシュ＆カチューシャ **M** ギフトBOX **N** コルクボード **O** ギフト用紙袋 **P** デコレーションボール／指人形(P57～59)の頭に使用。**Q** ギフトBOX／左：目打ちで穴を開ければ、棒つきキャンディ(P35)たてに使用可能。右：移動販売BOX(P13)に使用可能。

Part 3
お人形さんごっこしましょ！

子どもが大好きなお人形やぬいぐるみ。
楽しいお人形さんごっこはもちろん、
そのままお部屋のインテリアにもなる
ぬいぐるみや指人形を紹介します。
かわいいのにカンタン。
お友だちをたくさん作っちゃいましょう。

各ページに二人が隠れているよ。探してみてね。

Boulangeries

Rainy · cafe · cakey

index

P54　P56　P58
P58　P59　P59
P60　P60　P60

むかし、むかし。そのまたむかし。
とおい森のむこうに大きなお城がありました…。
「なんのお話？　白雪姫は知ってるよ」
「だめなんだよ、お客さんは静かにするの」
ねぇねぇ、知ってる？
おうじさまがパパでおひめさまがママなんだよ。
それでねそれでね、Chu♡ってキスするの。

好きなキャラクター布で作る
ぬいぐるみ
40分 かんたん

Part 3 お人形さんごっこしましょ！

How to make

● 使う道具

● 材料（1個分）
- コットン生地プリント部分 …… 1枚
- 柄つきフェルト
  （コットン生地と同サイズ） …… 1枚
- ポンポンブレード …………… 1本
- 手芸用綿 ……………………… 適宜
- フェルト（ピンク） …………… 1枚
- 厚紙 …………………………… 1枚

※サイズは全てプリント部分の大きさにより異なる。

1 布はキャラクターの線周りに沿って縫いしろ約1cmをとった四角形に。フェルトも同サイズに切ります。

2 1の2枚を中表にして、キャラクターから1cm離れた線周りをミシンで縫い合わせます。

底辺部分は綿詰め穴になるので、縫わずにおきます。

3 2のミシン目からさらに0.5cm離れた線周りをはさみで切り、キャラクターの形に整えます。

4 急な角度がついた部分の縫いしろは切りこみを入れておくと、表に返したときにしわができません。

お手伝い

5 布を表に返します。先が細い部分などはチャコペンの頭を使ってきれいに仕上げます。

6 綿詰め穴から綿を詰めます。チャコペンの頭を使って奥まで綿を押しこみます。

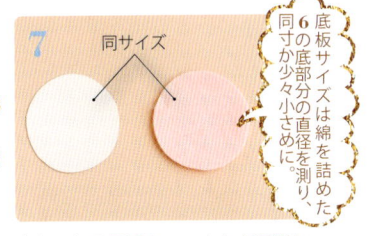

綿はパンパンになるくらいしっかりと詰めます。

7 底板になる厚紙とフェルトを円形に切ります。※底辺7×高さ13cmの布で底板サイズは直径4.5cmくらいに。

同サイズ

6底板サイズは綿を詰めた底部分の直径を測り、同寸か少々小さめに。

8 キャラクターの底部分に7の厚紙を平らになるよう入れます。

9 厚紙の上に布を折りたたみ、7のフェルトをかぶせます。フェルトと本体をかがり縫いで縫い合わせます。

10 キャラクターの周りにポンポンブレードを縫いつけて完成です。

お好みの動物やキャラクターの布がかわいく大変身！

1枚のコットン生地からたくさんのぬいぐるみができちゃいます。

底板があるからしっかり立ちます。オブジェにしてもCute。

子どもと一緒に楽しく作って☆
くまの指人形

型紙あり　15分　かんたん

どれか、こうかんしてもらおうかな…

みてみて、ぜんぶの指にはめてみたよ。

part3 お人形さんごっこしましょ！

お手伝い
全てのプロセスにおいて子どものお手伝いが可能です。

How to make

● 使う道具

● 材料（1体分）
① ラミネート生地 5×8cm …… 1枚
② レース 8cm …… 1本
③ ポンポンブレード 小（ピンク）4.5cm …… 1本
④ デコレーションボール（赤）…… 1個
⑤ パールビーズ …… 2個
⑥ ビーズ（茶）…… 1個
⑦ ポンポン特大（黄）…… 1個
⑧ リボンパーツ …… 1個
⑨ フェルトドット（茶）…… 2個
⑩ フェルトドット（白）…… 2個
⑪ フェルトドット（ピンク）…… 1個

● 使う型紙 J（P93）

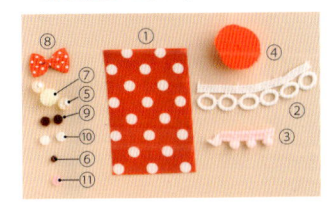

1 型紙Jを使ってラミネート生地を切り、胴体になるパーツを作ります。

2 1のラミネート生地の端にボンドを塗って、筒状になるように丸めて貼り合わせます。
（首になる部分（穴が狭い方）は、細くしすぎないように注意。）

3 ボンドがしっかりと乾くまで洗濯ばさみではさんでおいておきます。

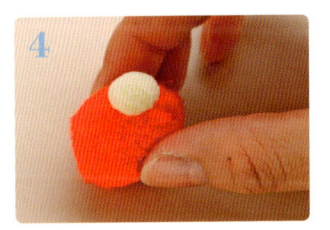

4 顔を作ります。デコレーションボール④の中心にボンドを塗り、ポンポン⑦を貼りつけて鼻を作ります。

5 鼻の両わきにボンドを塗り、フェルトのドット⑩を貼りつけます。※白目になります。

6 5の上にボンドを塗ってフェルトのドット⑨を少しずらして貼りつけ、黒目を作ります。
（目の貼りつけ位置で表情がだいぶ変わってきますよ。）

7 鼻の上にビーズ⑥、鼻の中心にフェルトのドット⑪を貼りつけて口を完成させます。
（⑪は円の上部を少し横長に切ると、より口らしくなります。）

8 目の上あたりにそれぞれボンドを塗り、パールビーズ⑤を貼りつけて耳を作ります。

9 耳と耳の間にボンドを塗って、飾りのリボンパーツ⑧を貼りつけたら顔の完成です。

10 3でつけた洗濯ばさみをはずし、レース②にボンドを塗って胴体の裾周り（穴が広い方）貼りつけます。

11 10と逆の円周にたっぷりとボンドを塗り、9の顔をのせたら、少しの間手で押さえて固定させます。
（少し安定したら壁に立てかけておきましょう。）

12 首が固定したら、ポンポンブレード③を首元に巻きつけるようにボンドで貼りつけ、乾いたら完成です。

特小
小
大
特大
ポンポン

指人形の鼻や口などになるポンポンは、市販サイズで丁度よいサイズがなければ、ポンポンブレードを切るのもおススメです。

057

バブーシュカでおしゃれさん★
ひよこの指人形
王冠をかぶって誇らしげ☆
うさぎの指人形

お手伝い 全てのプロセスにおいて子どものお手伝いが可能です。

※材料、材料一覧、作り方内の各番号はすべて連動。
※基本の作り方（57ページ）を参考に完成させます。

How to make ひよこ

● 使う道具　　● 使う型紙　J（P93）

● 材料（1体分）
① ラミネート生地 5×8cm …… 1枚
② チロリアンテープ 8cm …… 1本
③ ポンポンブレード特小（黄）8cm …… 1本
④ ポンポンブレード特小（黄）4.5cm …… 1本
⑤ チロリアンテープ 10cm …… 1本
⑥ デコレーションボール（黄）…… 1個
⑦ コットン生地 2×8cm …… 1枚
⑧ リックラックテープ 16cm …… 1本
⑨ ポンポン大（ピンク）…… 1個
⑩ フェルトドット（白）…… 2個
⑪ ビーズ（茶）…… 2個
⑫ ポンポン小（赤）…… 1個
⑬ 刺しゅう糸（白）1cm …… 1本
⑭ ポンポン大（黄）…… 1個

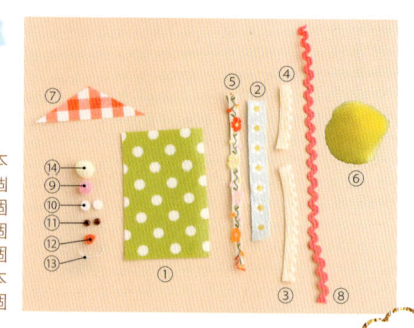

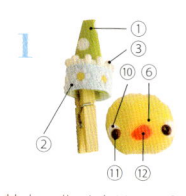

1 基本の作り方は57ページのくまの通りです。頭と胴体パーツをそれぞれ完成させます。

2 ⑦の底辺に左右均等に⑤を貼り、⑧の中心と⑦の頂点を合わせてきわにボンドで貼りつけます。
（⑧は⑦の頂点部分で折り返すこと！）

3 胴体の首にたっぷりボンドを塗り頭をのせ固定させます。ボンドで④を下向きに首元へ貼ります。

4 2のバブーシュカをかぶせ⑧の重なりを貼り、上から⑨を飾ります。⑫に⑬、②に⑭を貼れば完成。
（⑧は胴体の胸元あたりでクロスさせ貼りとめるとバランスがよいです。）

How to make うさぎ

● 使う道具　　● 使う型紙　J（P93）

● 材料（1体分）
① ラミネート生地 5×8cm …… 1枚
② ポンポンブレード小（ピンク）8cm …… 1本
③ ポンポンブレード小（水色）4.5cm …… 1本
④ デコレーションボール（ピンク）…… 1個
⑤ ポンポンブレード小（紫）4.5cm …… 1本
⑥ フェルト（水色）3×1.5cm …… 2枚
⑦ ポンポン小（ピンク）…… 2個
⑧ フェルトドット（白）…… 2個
⑨ フェルトドット（茶）…… 2個
⑩ ポンポン特大（水色）…… 1個
⑪ 刺しゅう糸（ピンク）2cm …… 1本
⑫ ポンポン小（黄）…… 1個

1 ⑥を耳の形に切り、直線部分に5mm程度ボンドを塗って洗濯ばさみで固定。穴部分に⑦を貼ると耳が完成。
（⑤貼り合わせの端をボンドで王冠ができあがります。）

2 頭と胴体を完成させます。耳は1で貼り合わせた部分の内側面にボンドを塗って目の上あたりに。

3 胴体の首にたっぷりボンドを塗り、頭をのせ固定。ボンドで③を下向きに首元へ貼ったら完成です。

豪華なケープをまとって★
おうじさまの指人形

巻き髪がチャームポイント♡
おひめさまの指人形

型紙あり　25分　かんたん

※材料、材料一覧、作り方内の各番号はすべて連動。
※ヘアースタイル以外は基本の作り方（57ページ）を参考に完成させます。

Part3 お人形さんごっこしましょ！

How to make おうじさま

使う道具　　使う型紙　J（P93）

材料材料（1体分）
① ラミネート生地 5×8cm ……1枚
② ポンポンブレード小（黄）8cm ……1本
③ ポンポンブレード特小（水色）4.5cm ……1本
④ レース 10cm ……1本
⑤ ポンポン大（水色）……1個
⑥ デコレーションボール（白）……1個
⑦ フェルト（黄）1.5×8cm ……1枚
⑧ ポンポンブレード小（水色）9cm ……1本
⑨ 刺しゅう糸（茶）束のまま150cm ……1本
⑩ ビーズ（茶）……2個
⑪ フェルトドット（ピンク）……2個
⑫ 刺しゅう糸（赤）2cm ……1本

ヘアースタイル

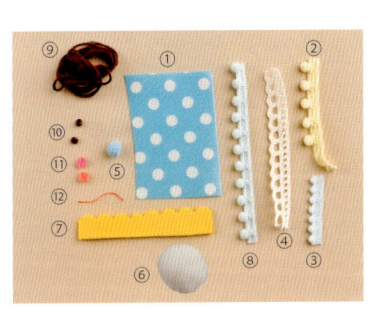

1 刺しゅう糸は束のままで2つ折りにしてから貼り始めます。
頭一体にボンドを塗り、左目わきから右目あたりまで円を描くように糸を貼ります。

2 そのまま内側へと時計回りでぐるぐると糸を貼りつけていきます。

3 円の中心まできたら、逆側に**2**よりも小さな円を描くように糸を貼りつけます。

髪の毛の流れ
★スタート位置

How to make おひめさま

使う道具　　使う型紙　J（P93）

材料材料（1体分）
① ラミネート生地 5×8cm ……1枚
② チロリアンテープ 8cm ……1本
③ レース 4.5cm ……1本
④ 花レースパーツ ……1個
⑤ デコレーションボール（白）……1個
⑥ リボンパーツ ……1個
⑦ 刺しゅう糸（茶）束のまま200cm ……1本
⑧ ビーズ（茶）……2個
⑨ フェルトドット（ピンク）……2個
⑩ 刺しゅう糸（赤）2cm ……1本

ヘアースタイル

1 おうじさまの1と2の要領で頭頂部の毛を貼ったら、8の字を描くようにサイドの毛を作ります。

髪の毛の流れ
★スタート位置
矢印の流れで8の字を4回くり返します。

2 胴体に頭をつけて固定してから、垂れた髪の中心に1本線を引くようにボンドを塗ります。

3 髪をくるくると一定方向にねじり、最後は胴体の裾部分にボンドを塗って毛束の先を貼ります。

小物でお部屋を楽しく飾って★
ドールハウスの小物

ドールハウスは雑貨店や
300円Shopで購入できる
ペーパートランクがおススメです！

Part3 お人形さんごっこしましょ！

How to make

使う道具
ハサミ、ボンド、ミシン、針

材料
紙フラッグ（1セット分）
- おりがみ 3×3cm ……… 4枚
- 刺しゅう糸（2本取り）16cm … 1本
- シール ……………………… 2枚

テーブルクロス（1枚分）
- コットン生地 13×13cm … 1枚
- レース 54cm ……………… 1本

クッション（1枚分）
- コットン生地 4×4cm …… 1枚
- ハート型レース 13cm …… 1本

紙フラッグ

1 おりがみを3cm角の正方形に切って、半分に折ります。

柄や色が違うおりがみを数種類使うとかわいいフラッグになります。

2 お手伝い 1のおりがみをさらに横半分に折り、その折り線で切って、1.5cm角の正方形（2つ折り）を作ります。

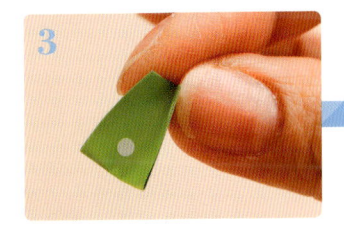

3 わになっていない辺の中心部分に軽く折り目をつけて、印を作ります。

4 3でつけた印を頂点として、左右の底辺に向かってはさみを入れて、二等辺三角形を作ります。

5 お手伝い わの部分に糸をはさんで、ボンドかのりを塗って貼り合わせます。

6 お手伝い お好みの数だけフラッグをつなげたら、紙フラッグの完成です。

7 お手伝い 糸の両端につけたシールをドールハウスに貼りつけましょう。

テーブルクロス

1 コットン生地を13cm角の正方形に切ります。※サイズはお手持ちのテーブルに合わせて調整して。

2 布の表面にレースを角ではたたみながら上から合わせおき、布端を1周ミシンで縫い合わせます。

3 2で縫ったミシン目より1cm内側にさらに表からミシンをかけたら完成です。※写真は裏から見たミシン目。

クッション

1 コットン生地を直径4cmの円形に切ります。※サイズはお手持ちのイスに合わせて調整して。

2 布の表面の上からハート型レースをおき、布端を1周ミシンで縫い合わせたらクッションの完成です。

完成

061

Break time

うさぎさんと遊びましょ!

ここらでひと息いれませんか？
このページは子どもが楽しんで読めるお遊びページになっています。
ハーブティーでも飲みながら、お子さんと数かぞえや間違い探しで遊びましょう。

Q1 かずをかぞえましょ！

あらあら、たいへん。うさぎさんがおどうぐばこをひっくりかえしちゃった。
みんなで、かずをかぞえてあげて。

\みんな、よろしくたのんだよ!!/

①むらさきのボタンはいくつある？
②ピンクのボタンはいくつある？
③あおいポンポンはいくつある？
④おほしさまはいくつある？
⑤いぬさんはなんびきいる？

Q2 まちがいをさがしましょ！

うさぎさんがしゃしんをとったよ。あれれ、ひだりとみぎで
ちがうものがうつっているよ。おねがい！ まちがいをさがしてあげて。

\まちがいはぜんぶで7つあるよ。/

Q1の答え／①6個 ②4個 ③3個 ④7個 ⑤5匹　Q2の答え／①左のうさぎの向きが前と後ろ ②りんごの数が4個と3個 ③馬の色が白と茶色 ④橋の横の車が違う ⑤家が違う ⑥左から3番目の花の色が違う ⑦左端の蝶々の数が3匹と2匹

Part 4 お買い物ごっこしましょ！

気分はまるで雑貨Shopの店員さん。
CuteでPopなアクセサリー類や
バッグ、バッグチャームを紹介します。
そのまま身に着けてお出かけすれば、
注目の的間違いなし。ママも子どもも
みんなをHappyにしちゃいます。

各ページに二人が隠れているよ。探してみてね。

index

P66 P66 P66 P68

P68 P70

P71 P71 P72 P74

Part 4 お買い物ごっこしましょ！

このヘアアクセサリー似合うかしら？
いっぱいあってどれにしようか迷っちゃう。
ママはいつも、ひとつだけって言うけど、
お買い物ごっこなら、ぜんぶ買えちゃうよ。
「ぜんぶで、いくらですか？」
「えーと、100まんえんです」
「はい。100まんえん。じゃあまたくるね」

ショートヘアでもロングヘアでもOK☆
蝶々のヘアアクセサリー

型紙あり　15分　かんたん

みてみて、すっごくおしゃれさんでしょ？

066

How to make

使う道具

材料（1個分）
- ラミネート生地10×10cm …… 1枚
- パールビーズ …………………… 1個
- アメリカピン …………………… 1個
  〜お好みで〜
- カチューシャ …………………… 1本
- ヘアゴム ………………………… 適宜

使う型紙
K-1、K-2（P93）

ヘアピン

1 型紙K-1とK-2を使ってラミネート生地を切ります。

2 大きい羽根（上側）と小さい羽根（下側）のパーツがそろいます。

3 大きい羽根にひだをよせます。真ん中をくぼませ、山2つ谷1つのひだを作りひとまとめにつまみます。

4 つまんだすべてのひだに針を通してから、全体に3回ほど巻きつけます。

> ひだが安定するように糸はしっかりと巻きつけて！

5 同様に小さい羽も作ります。2つの羽を上下に合わせてまとめ、すべてに針を通して5回くらい巻きます。

6 巻きつけた糸にそのままパールを通して、蝶々の中心位置にとめます。

> パールは布との間に糸を数回巻きつけてからとめます。

7 蝶々を裏返して、巻きつけた糸のすき間にアメリカピンを通したら、蝶々のヘアピンが完成です。

Arrange カチューシャ

1 完成した蝶々を使って、いろいろなアイテムに飾りつけてみましょう。

2 布製カチューシャのお好みの場所と蝶々の裏側中心あたりに針を通してしっかりと固定します。

3 完成 蝶々のカチューシャの完成です。カチューシャのトップに蝶々を複数つけてもかわいいです。

> プラスチック製の場合はボンド＆糸での固定がベスト！

Arrange ヘアゴム

1 ヘアゴムの結び目が正面から見えないように、蝶々の中心から少しずらした位置で縫いつけます。

2 完成 蝶々のヘアゴムの完成です。ヘアゴムはしっかりと縫いつけるのがポイント です！

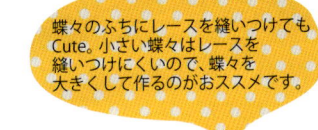

> 蝶々のふちにレースを縫いつけてもCute。小さい蝶々はレースを縫いつけにくいので、蝶々を大きくして作るのがおススメです。

Part4 お買い物ごっこしましょ！

胸元にCuteなアクセント★
動物のアクセサリー

20分 かんたん

これは、リスさんのネックレスだよ。

068

How to make

使う道具

材料（1個分）

ブローチ
- フェルト
  A 茶色 8cm×5cm ……… 1枚
  B 水色 8cm×5cm ……… 1枚
- レース 30cm ……………… 1本
- リボン 0.5cm幅×7cm …… 1本
- パールビーズ …………… 1個
- かぶとピン ……………… 1個

ネックレス
- パンチングシート 8×5cm … 1枚
- リックラックテープ 90cm … 1本
- パールビーズ …………… 2個
- リボンの花パーツ ……… 1個
- ボタン …………………… 1個

ヘアピン
- アメリカピン …………… 1本

ブローチ

1 お手伝い
動物のクッキー型ならお手持ちのもの何でもOKです！

バンビのクッキー型を使って、茶色と水色のフェルトをそれぞれ切ります。同じ向きのバンビが2枚完成。

2 お手伝い
水色のバンビに塗るボンドは、ずらす位置を考えて塗ります。

水色のバンビにボンドを塗り、茶色のバンビと重ねます。水色が下から見えるよう少しずらして重ねます。

3 バンビの首元にリボンを首輪にみたてて巻き、ボンドで貼りつけたら、上からパールビーズを縫いつけます。

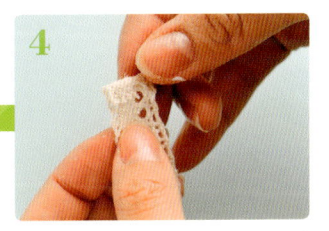

4 ほつれ止めのために、レースの両端を5mmほど折り曲げてボンドで貼りつけておきます。

5 リボンの形にレースを折りたたみ、中心部分にボンドを塗り固定します。

6 5で完成したリボンの中心部分にボンドを塗り、上からバンビを貼りつけます。

7 ボンドが乾いたらかぶとピンをレース部分に数か所縫いつけ、ブローチの完成です。

Arrange ネックレス

1 パンチングシートでバンビを作り、リボンの花パーツにボンドを塗って胴体に貼りつけます。

2 ネックレスの紐となるリックラックテープの両端に、それぞれパールビーズを縫いとめます。

3 縫いつけ位置は表から見たときにリボンの花パーツで隠れる部分へ。

リックラックテープを中心で折り、折った部分と飾りボタンをバンビの裏に縫いつけたら、完成。

Arrange ヘアピン

1 ブローチで作ったバンビパーツ（1～6まで）。レースにアメリカピンを通せば、ヘアピンの完成です。

お気に入りのクッキー型を使ってアレンジを楽しんで!!

Part4 お買い物ごっこしましょ！

子どもだけじゃもったいない!?
リング

⏱ 5分　かんたん

お手伝い
全てのプロセスにおいて子どものお手伝いが可能です。

みてみて、気分はおひめさまよ。

How to make

使う道具

材料（1個分）
- リング本体約7cm ……………… 1本
（チロリアンテープ、
ポンポンブレード、レースなど）
- 飾り用パーツ ……………… 1個
（ボタン、アクセサリーパーツなど）

1
リング本体になるチロリアンテープ、ポンポンブレード、レースなどを約7cmの長さに切ります。

2
リングの飾りにするパーツをお好みで用意します。

古い子ども服のボタンなどを利用しても Good!!

3
つける指に合わせて本体の長さを調節しながら、端にボンドを塗って貼り合わせます。

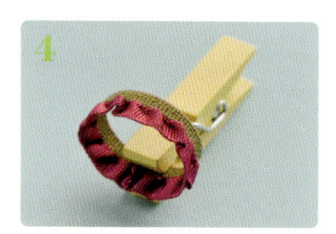

4
ボンドがしっかりと乾くまで洗濯ばさみではさんでおきます。

5
貼り合わせた部分が隠れるように上からボンドを塗り、飾りパーツを貼りつけて完成です。

MaMan's Ring Collection

少しだけ残ったチロリアンテープやアクセサリーパーツを上手に組み合わせて！

Part4 お買い物ごっこしましょ！

ドーナツの裏にヘアゴムを縫いつければドーナツのヘアゴムに！

ドーナツがヘアピンに変身★
ドーナツのヘアピン

型紙あり ／ 25分 ／ かんたん

How to make

使う道具

材料
- フェルト
  - Aこげ茶色6×6cm ……… 2枚
  - Bクリーム色5×5cm ……… 2枚
  - Cドット（ピンク） ……… 4個
  - Dドット（水色） ……… 4個
- 手芸用綿 ……… 適宜
- パールビーズ ……… 6個
- パッチンピン ……… 1本

使う型紙 L-1、L-2（P94）

1 43ページと同じ要領でドーナツを作ります。デコレーションはお好みで。※型紙はL-1、L-2。

2 パッチンピンをドーナツの裏に縫いとめます。ピンの片側で2か所くらいずつしっかりと縫いとめます。

3 両端をしっかりと縫いとめたら、ドーナツのヘアピンの完成です。

つけかえワンタッチ！
ドーナツのブレスレット

15分 ／ かんたん

How to make

使う道具

材料
- ドーナツのヘアピン完成品 … 1個
- ラミネート生地3×18cm … 1枚
- リックラックテープ45cm … 1本
- 丸形マジックテープ ……… 1組
- ボタン ……… 1個

1 ブレスレットのバンドを作ります。3×18cmのラミネート生地の角を取るように丸く切ります。

生地の横幅は手首のサイズに合わせて調節して。

2 ラミネート生地の表面のふちにリックラックテープを合わせ、ミシンで1周縫います。

テープの中央と生地の端の合わせて約5mmを合わせて縫います。

3 バンド表面の左端に丸形マジックテープをおきミシンで十字に縫いとめます。

4 バンドを裏返して、先ほどとは逆の右端に同じようにマジックテープをミシンで縫いとめます。

5 バンド表面の右端に飾りボタンを縫いとめます。これで飾りボタンがマジックテープの真上にきます。

6 ドーナツのヘアピンをバンドの中央にとめたらブレスレットの完成です。

つけかえ自由だから、ドーナツピンやバンドの組み合わせを楽しんで

お出かけにも連れて行って♡
おしゃれバッグ

型紙あり　50分　むずかしい

072

How to make

使う道具

材料（1個分）
- コットン生地 54×31cm ……… 1枚
- ラミネート生地
  A 11×63cm（スカラップ口布用）‥1枚
  B 12×10cm（飾りプードル）‥‥1枚
  C 9×6cm（飾りエッフェル塔）‥1枚
- ベルト布 2.5cm幅×32cm …… 2本
- リックラックテープ 32cm …… 4本
- パールビーズ ………………… 5個
- ボタン ………………………… 2個
- リボンパーツ ………………… 1個
- タグ …………………………… 1枚

使う型紙
M-1、M-2（P94）、C-2（P90）

1 コットン生地を54×31cmの長方形に切り、ふちにロックミシンをかけます。

2 1の布を横半分に折り、表面の片側にはBやCで作った飾りやリックラックテープをミシンで縫いつけます。

布端から7cmは口布で隠れる部分。飾りをつける位置に注意。

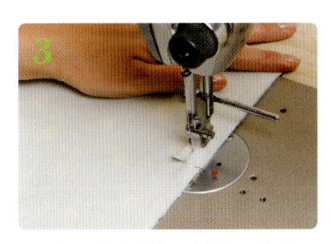

3 2で折った折り線で裏返して布を中表に。布端から1cm縫いしろをとり、左右のわきをミシンで縫います。

4 バッグの両わき端の底を開いて三角形になるよう折りたたみ、赤い線部分をミシンで縫います。

これでバックにマチができます。

5 型紙M-1を使ってラミネート生地Aを切ります。口布部分になります。

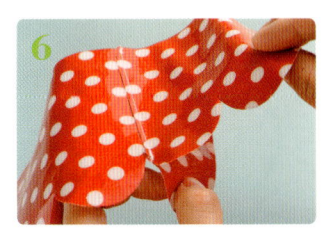

6 スカラップ1個分を重ねて、上側の布端3mmあたりをミシンで縫います。これで口布がわになります。

7 バッグ本体の表面にわにした口布を上から重ねて、布端を合わせます。

本体のわき縫い線と口布の縫い線が合わさるように。

8 7をミシンで縫い合わせます。布端5mmあたりにミシンをかけます。

9 口布をバッグの内側に約3cm折りたたみ、表側のスカラップを除いてまち針でとめます。

10 表側のスカラップ部分を広げてから、内側へ折りたたんだ口布と本体をミシンで縫いとめます。

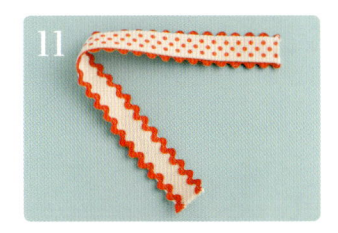

8のミシン目上からミシンをかけます。

11 バッグの持ち手を作ります。ベルト布の両端にリックラックテープをミシンで縫いつけます。

12 バッグの内側に持ち手をミシンで四角形を描くように縫いつけたらバッグの完成です。

表側のスカラップを一緒に縫いつけないように注意！

お好みでパールビーズやボタン、リボンパーツなどをつけて。

ネームタグが入るよ★
バッグチャーム

型紙あり　45分　ふつう

How to make

使う道具

材料（リス1個分）
・ラミネート生地
　12×12cm ………… 2種類各1枚
・リボン20cm ………… 2種類各1本
・コットン生地 4×5cm ………… 1枚
・透明ビニールカードシート
　（ソフトタイプ）4×5cm ……… 1枚
・ボタン直径1.8cm ………… 1個
・テグス（伸びるタイプ）10cm ………1本
・リボンパーツ ………… 1個

使う型紙
N-1、N-2(P94)

※C-2 (P90)、N-2 (P94) を使えば、プードルのバックチャームを作ることができます。

1 型紙N-1を使ってラミネート生地をリス型に2枚切ります。裏面にはハート型の印もつけておきます。

柄が異なる生地で2体のリスを作るのがかわいさのポイントです。

2 リスAのお腹部分を印をつけておいたハート型に切り抜きます。

3 透明ビニールカードシートとコットン生地を、型紙N-2より全体が3mmほど大きいハート型に切ります。

4 リスBの裏面お腹（ハートの印をつけた部分）にコットン生地のハートをボンドで貼ります。

リスAの切り抜いたハート穴と上手く重なる位置で貼りつけて。

5 リスAの裏面のハート穴に透明ビニールカードシートで作ったハートを合わせ、きわをミシンで縫います。

表に出る下糸のミシン目が気になる人は、表からさらにミシン縫いを。

6 2枚のリボンを外表で合わせ、ミシンできわを1周縫い合わせます。
※掛け紐になります。

7 伸びるテグスをしっかり結んで、約1.5cmのわを作ります。テグスは結び目から約3mm残して切ります。

テグスはリボンの掛け紐をボタンにひっ掛けるために使用。

8 6で作ったリボンの端を1cmほど折りその間にテグスのわを通したら、折ったリボン端を縫いとめます。

テグスは結び目を隠すように通しましょう。

9 リスAとBを外表で合わせ、布端から約3mmをミシンで縫います。※リスの手の下あたりが縫いはじめ。

リスの鼻先はミシンで縫わず、ボンドで貼りつけて。

10 リスの背中まできたら、8の端（テグスがない側）をはさみ縫い続けます。
※縫いおわりに注意。

縫いはじめ
縫いおわり

11 リスのB面に掛け紐のテグスをひっ掛けるボタンを取り付けます。

12 最後にリスのA面に飾りのリボンパーツを縫いつけたら完成です。ハート穴にはお好みでネームタグを。

お腹部分は縫わないので、ネームタグの出し入れが自由です。

MaMan*'s Idea3
ecoなおままごと。捨てずに再利用!!

食材やお菓子の容器、洋服のギフトBox…。捨てればゴミになるこれらも、MaMan*流なら、かわいいおままごと小物へと大変身!! なるほど納得の「ecoなおままごと術」を一挙、紹介しちゃいます。

再利用術、before after

ヨーグルト飲料の容器 
→ ミルクポット（P12）に変身!

プチトマトの容器 
マスキングテープ
→ ハンバーガー（P31）入れにピッタリ!

プリン容器、紙ケース 
ラミネート生地
→ プリン容器を並べて飾るのもおススメ!

卵のパック容器 
パック上下にコットン生地をはさんでホチキス。
→ おりがみアイス（P49）を並べるのに最適。

お菓子の空き箱 
→ タルト（P41）の収納箱にピッタリ!

洋服のギフトBox 
→ 中身が見えるからアイテム別の収納Boxに最適。

余り部分も、もちろん再利用!

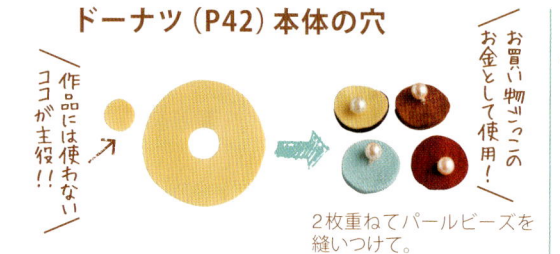

ドーナツ（P42）本体の穴
作品には使わないココが主役!!
→ お買い物ごっこのお金として使用!
2枚重ねてパールビーズを縫いつけて。

ドット
色別に保管しておくと飾りつけのときに便利!

はぎれ
小さなはぎれをとっておくと、小物を作るときに重宝します。

Part 5
お医者さんごっこしましょ！

MaMan*流のとってもCuteな
お医者さんごっこセットを紹介します。
包帯やばんそうこう、お薬ケースは
本物そっくりに遊べるのもポイント。
子どもたちがお医者さんごっこに
ますます夢中になってしまいそうです。

各ページにわたしが
隠れているよ。
探してみてね。

index

P80
P81
P81
P82
P84
P84
P85
P85
P86
P86
P87

いぬさんはカゼでゴホンゴホンってするの。
だからお注射をチクンってします。
おくすりは、ごはんを食べたらのむんだよ。
くまさんは手をケガしちゃったの。
だから、包帯をまいてあげます。
ママがまえにやってたのを見てたから、
一人でね、包帯まきできるんだもん。

頭にちょこんとのせて♡
ナースキャップ

型紙あり　15分　かんたん

How to make

使う道具

材料（1個分）
・フェルト
　A 白 12×19cm ……………… 1枚
　B 赤 3.5×3.5cm ……………… 1枚
・パッチンピン ……………… 1個

使う型紙
O-1、O-2（P95）

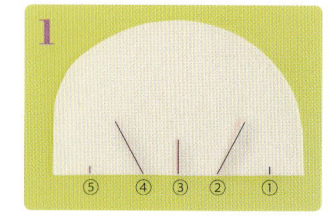

1 型紙O-1を使って、白いフェルトを切ります。型紙の合印をつけるのを忘れないように。

2 右端の印①が山折り、②の線が谷折りになるように折りたたみます。

3 2の通りに折りながら、最後は印①と線③の端（上側）を合わせます。

4 もう片側も1～3の要領で折りたたみます。これでナースキャップの形になりました。 
（ここでバランスよく形を整えましょう。）

5 線③に合わせた左右のフェルトと本体フェルトをすべて、かがり縫いで縫いとめます。

6 ナースキャップ本体の完成です。

7 型紙O-2を使って赤いフェルトを十字型に切り、ナースキャップの表側中央にボンドで貼りつけます。

お手伝い

8 ナースキャップの裏側にパッチンピンを縫いとめたら完成です。3か所をしっかりと縫いとめましょう。
（ピンの下側とキャップの下側をあわせるように！）

腕章

これで気分は救急隊です★

型紙あり／15分／かんたん

How to make

使う道具

材料（1枚分）
- ラミネート生地 6×25cm …… 1枚
- フェルト（白）3.5×3.5cm …… 1枚
- リックラックテープ 25cm …… 2本
- かぶとピン …… 1個

使う型紙 O-2（P95）

1 6×25cmに切ったラミネート生地を用意。そのまま使います。

2 ラミネート生地の端にリックラックテープをおき、きわをミシンで縫い合わせます。※25cmの辺のみ。

3 リックラックテープを縫いつけていない辺を5mmほど重ねてわにし、きわをミシンで縫い合わせます。

4 型紙O-2を使ってフェルトを十字型に切り、腕章本体に縫いとめます。すべての角に針をさすイメージ。

（裏側から見ると右端のような縫い目になります。）

5 かぶとピンを腕章の中央部分につけたら完成です。

（4の十字型にはボンドで貼るとすぐにはがれるので注意。）

お次のかた、しんさつしつへお入りくださーい。

マスク

市販マスクをCuteにアレンジ☆

5分／かんたん

How to make

使う道具

材料（1枚分）
- ラミネート生地 3.5×4cm …… 1枚
- マスク …… 1枚

1 ラミネート生地をハート型に切ります。市販のマスクを用意します。

2 ハート型をマスクの中央におき、ミシンでハート型のきわを1周縫いつけたら完成です。

（口にあてるものなのでボンドはやめておきましょう。）

口元のハートがかわいいワンッ

お医者さんごっこの必需品☆
聴診器

How to make

使う道具

材料（1個分）
- フェルト
  A 黄緑 9×9cm ………… 1枚
  B 茶色 9×9cm ………… 1枚
  C ピンク 1.5×20cm …… 2枚
  D 黄緑 1.5×20cm …… 2枚
- 羊毛フェルト紐
  （アクリル組紐でも可）
  53cm、34cm ………… 各1本
- ボタン
  A 平らなもの ………… 2個
  B 丸みがあるもの …… 3個

使う型紙　E（P92）

お医者さんのまねっこだよ。

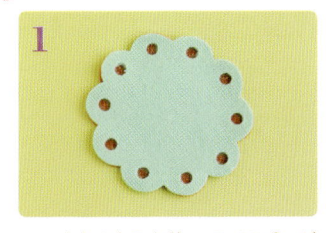

1 フェルトAとBを使って、26ページの目玉焼き5までを作ります。※型紙Eを使用。

2 1の表面中央にはさみで1.5cmの切りこみを2本入れます。※紐通し穴になります。

3 長い紐の中心に短い紐の端を合わせて、はずれないように適度にかがり縫いをします。

4 長い紐の両端に丸みがあるボタンを1個ずつ縫いとめます。※耳に入れる場合を考え、しっかりととめます。

5 短い紐の端を2で作った切りこみに通します。フェルト部分は動かして遊べる仕掛けです。

6 5で通した紐の左右に少し間隔を取って、平らなボタンをボンドで貼りつけます。

7 丸みのあるボタンをフェルトの端と端をすくって糸を渡しながら、とめます。※紐を一緒に縫わないこと。
ボタンで紐部分が隠れるように！

お手伝い

8 フェルトCとDの全面にボンドを塗ります。※35ページのロールキャラメルの特大版を作るイメージです。
今回は全面にボンドを塗ることが大切！

9 各フェルトを5mmくらいずらして重ねます。下側のフェルトが表面にくるのでお好きな色を下に。

10 下側のフェルトを折り返し、そこを芯にするイメージで、くるくると巻いていきます。 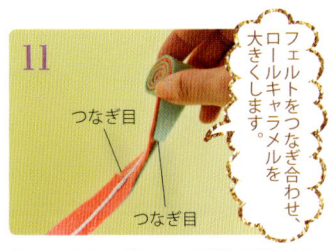
ときどき引き締めながら巻きましょう。

11 各フェルトの端に8の要領でボンドを塗った同色のフェルト端をつなぎ合わせ、最後まで巻きます。 
フェルトをつなぎ合わせ、ロールキャラメル大きくします。
つなぎ目

12 11で作ったロールキャラメルを短い紐の端にかがり縫いで縫いつけたら完成です。

完成♪

この部分は動かして遊べるよ！

包帯もMaMan*流ならCuteに♡
包帯

⏱ 10分　かんたん

How to make

🔧 使う道具

📋 材料（1個分）
- コットン生地5.5×55cm ……1枚
- リックラックテープ55cm …2本
- マジックテープ ……………… 1組

包帯のマジックテープの
とめ方はこんな感じです。

1 コットン生地を5.5×55cmに切ります。

2 コットン生地の端にリックラックテープをおき、きわをミシンで縫い合わせます。※両端ともに。

3 2の両端表と裏にそれぞれ、マジックテープのフック面とループ面をミシンで縫いつけたら完成。

マジックテープは十字に縫いつけましょう。

包帯遊びで大活躍☆
ガーゼ

⏱ 5分　かんたん

How to make

🔧 使う道具

📋 材料（1枚分）
- プリントダブルガーゼ …… 適宜
  ※なければコットン生地でも可

包帯ぐるぐるするするのって、すごく楽しいな。

1 お好みの柄のダブルガーゼを用意します。チェックは、格子にそってカットしやすくおススメ！

2 ダブルガーゼを5cm角にピンキングばさみで切ったら完成です。

3 市販のクリームケースに綿を詰めておくすりにみたてて遊ぶと、雰囲気がでますよ。

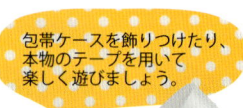

お手伝い

包帯ケースを飾りつけたり、本物のテープを用いて楽しく遊びましょう。

084

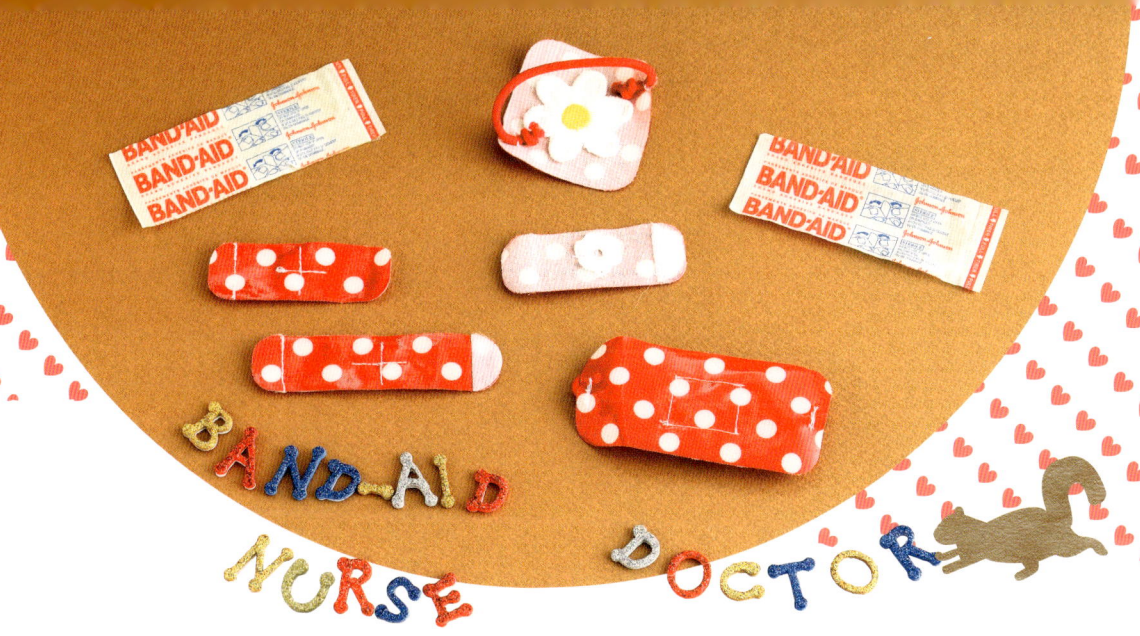

part5 お医者さんごっこしましょ！

BAND-AID
NURSE DOCTOR

つけてはがして何度も遊べる★
ばんそうこうA

かんたん
型紙あり／10分

How to make

使う道具

材料（1枚分）
・ラミネート生地2.5×9cm ……1枚
・花レースパーツ小 ……………1個
・マジックテープ ………………1組

使う型紙 P（P95）

1 型紙Pを使ってラミネート生地をばんそうこう型に切ります。

2 花レースパーツをラミネート生地の裏面中央へミシンで十字に縫います。

3 マジックテープのフック面とループ面をそれぞれ半分に切り、**2**の表端と裏端に縫ったら完成。

本物のばんそうこうのように遊べます。はがせるのも楽しい仕掛け！

ゴムだから腕にもペタリ★
ばんそうこうB

かんたん
10分

How to make

使う道具

材料（1枚分）
・ラミネート生地5.5×5.5cm ……1枚
・花レースパーツ大 ………………1個
・ヘアゴム12cm …………………1本

1 花レースパーツは少し大きめを選んでください。

2 本体になる5.5cm角のラミネート生地の角を丸く切り、ヘアゴムは両端をかた結びします。

3 ラミネート生地の裏面中央に花レースパーツを四角く縫いつけます。※右は表から見た縫い目。

4 本体の裏面、対角線上にある角に**1**のヘアゴムの端をそれぞれミシンで縫いつけたら完成です。

ヘアゴムは端から見て結び目の内側きわを縫いつけます。

腕や足にもつけるワンッ！

085

おくすりケース

おくすりの出し入れが楽しい！

⏰ かんたん 10分

How to make

使う道具

材料（1個分）
- タブレット菓子の空き容器 … 1個
- ラミネート生地 8×5.5cm … 1枚
- ボタン ……………………… 6個

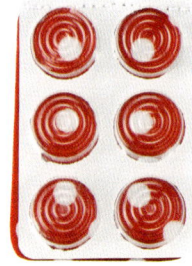

1 空き容器の裏側にある銀色のふた部分を穴の形に合わせてきれいに切り取ります。

2 空き容器を型紙にしてラミネート生地を空き容器の形に切ります。

3 空き容器と2のラミネート生地を表面を上にして重ね、ミシンで片側の端を縫い合わせたら完成。

ボタンをお薬にみたてて、出し入れして遊びましょう。

おくすり袋

さっと貼るだけでカンタン★

⏰ かんたん 5分

How to make

材料（1袋分）
- ギフト用紙袋 ………… 1枚
- マスキングテープ … 適宜

1 ギフト用紙袋とお好みのマスキングテープ（柄の違うもの2種類）を用意します。

2 表面の取り出し口部分にマスキングテープを貼り、そのまま裏面までぐるっと1周貼りつけます。

3 表面に2とは違うマスキングテープを同じ長さ分縦と横に貼り、十字型を作ったら完成です。

おくすりケースとおくすり袋で、お医者さんごっこの雰囲気満点です！

Part 5 お医者さんごっこしましょ☆

だいじょうぶ。
イタくても
泣いちゃダメだよ。

お片付けもひとまとめでラクチン！
ドクターBOX

型紙あり　5分　かんたん

How to make

● 使う道具

● 材料（1個分）
・ペーパートランク（取手つきの
　プラスチック容器でも可）……1個
・コットン生地 ……………… 1枚
※サイズは使用するボックスによる。
・フェルト
　（オフホワイト）5×5cm ……… 1枚

● 使う型紙　Q（P95）

1
ペーパートランクを用意します。
※雑貨店や300円Shopなどで購入
できます。

2
お好みでトランクの内側を飾りま
す。サイズに合わせてコットン生地
を切って貼りましょう。

トランクの内側に大きめの
紙をあて跡をつけ線を
整えたら型紙に。

お手伝い

3
2のコットン生地にボンドを塗って
トランクの内側に貼りつけます。

4
型紙Qを使ってフェルトを十字型に
切り、トランクの表面中央に貼りつ
けたら完成です。

お医者さんごっこの小物が
すべて入るので、お片づけも
ラクチンです。

Arrange プラスチック容器

1
100円Shopなどで購入できる取手
つきプラスチック容器でも、かわい
いドクターBOXが作れます。

2
十字型を両面テープで貼ったら完成
です。※プラスチック容器の場合、
ボンドだとはがれやすくなります。

お手伝い

中身が見えるのも
ポイントです。お好みで
デコレーションを！

087

MaMan*'s Idea 4

パパにお願いするカンタンDIY

おままごと小物を作ったら、おままごと用のキッチン道具や看板も欲しいもの。
さぁ、パパにDIYをお願いしてみましょう。DIYといっても尻ごみは無用。
私たちに嬉しいサービスを活用した、カンタンかわいいDIY作品を紹介します。

収納Boxとしても活躍★
電子レンジ
45分／ふつう

How to make

※今回は、下記部品がセットになった「ままごと電子レンジキット」を使用しました。（※ペンキは除く。発売元：ストーリオ／問い合わせ先は89ページ）

使う道具
- きり
- かなづち
- ドライバー
- 工芸用ボンド
- 紙やすり

材料（1台分）
- ①天板（縦20×横12×幅1.8cm）……1枚
- ②底板（縦20×横12×幅1.8cm）……1枚
- ③側板（縦12×横16×幅1.8cm）……2枚
- ④背板（幅2mmのベニヤ板）……1枚
- ⑤扉板（縦23×横15×幅1.8cm）……1枚
- ⑥円板（直径9.2×高1.2cm）……1枚
- ⑦取手……1個
- ⑧蝶番……1個
- ⑨ビス（4〜5cm）※天板・底板用 8本
- ⑩ビス（1.5cm）※蝶番用……4本
- ⑪ビス（2.5cm）※取手用……2本
- ⑫釘（2cm）※背板用……6本
- ペンキ……適宜

〜お好みで飾りつけ〜
- アクリル材料（適宜）※窓用……1枚
- コットン生地……適宜
- カラープラスチック板……適宜

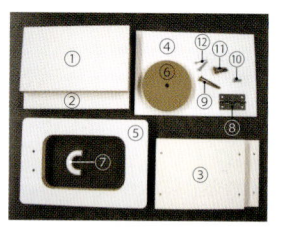

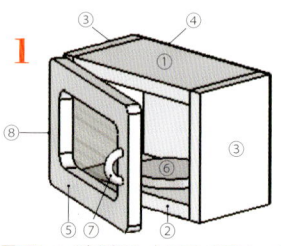

1 電子レンジの組み立て完成図はこの通りになります。

2 各パーツにお好みでペンキを塗ります。面によってペンキの色を変えるのも楽しいアレンジになります。
（板の切断面は紙やすりをかけてからペンキを塗るときれいです。）

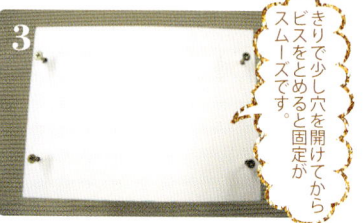

3 天板①と底板②を側板③ではさみこみ、それぞれの側板からビス4か所で固定します。
（きりで少し穴を開けてからビスをとめると固定がスムーズです。）

4 3の片側に背板④を合わせ、天地各3か所ずつ釘で固定します。
（かなづち打ちを乱暴にするとあるので板を割る恐れがあるので注意。）

5 4に扉板⑤を合わせ、左側の側板と扉を蝶番で固定します。
（ビスは仮どめをして④と⑤のズレをなくしてから、固定すること。）

6 扉に取手⑦をビスで固定し、底板の中面に円板⑥をボンドで貼りつけたら完成です。
（板の切断から手がける方は、扉板を窓型にくり抜いてアクリル材料をつけると電子レンジらしくなります。）

好きな飾りを楽しんで♥
カフェ看板
かんたん 40分

How to make

今回は、「ストーリオデザインサービス」の一部を利用して作品制作をしました。
※サービスの詳細は下記ストーリオの紹介にて。

● 使う道具
- きり
- かなづち
- のこぎり
- 鉛筆
- 工芸用ボンド
- 紙やすり

● 材料（1枚分）
- ①メイン板（縦60×横35cm）……… 2枚
- ②横板（縦10×横35cm）………… 2枚
- ③蝶番 ……………………………… 2個
- ④ビス※蝶番用（1cm）…………… 12本
- ⑤釘（3cm）………………………… 8本
- ・ペンキ ……………………………… 適宜
- ・コットン生地 ……………………… 適宜

〜お好みで飾りつけ〜
- コルクボード
- レース、ボタン、リボン、写真など

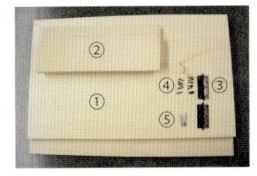

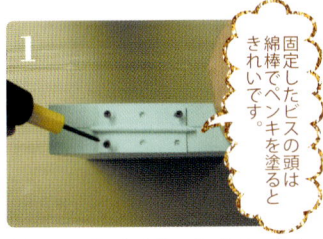

---

1 固定したビスの頭は綿棒でペンキを塗るときれいです。

お好みのペンキを塗ったメイン板①2枚を縦にして合わせ、蝶番で左右を固定します。

2 矢印部分から始まる斜線を引いてください。

1を好きな角度で開き、左右同位置に印をつけ、横板②の裏側から①に沿ってえんぴつで斜線を引きます。

3 メイン板と違う色味をもってくるとかわいく仕上がります。

2の線をのこぎりで切ると写真のような形になります。お好みでペンキを塗るか布をボンドで貼ります。

4 収納には不向きですが、蝶番で手をはさまない安全なデザインです。

3を1にはさみこみ、メイン板①側から4か所釘で固定したら完成です。※釘は端に打ちすぎないこと。

5 看板にペンキで文字を書いたり、デコレーションをしたり写真を貼ったコルクボードを飾りましょう。

看板にフックをとりつけると、コルクボードもつけかえ自由です。

お助けサービスを上手に活用！

DIYに関する要望に何でも応えてくれる頼もしい存在、ストーリオ。下記サービスを上手に活用すれば、どんなアイテムでも自宅で作ることが可能です。

●ストーリオデザイン
デザインスケッチや画像を送ると設計をしてくれ、組み立てるだけの木材キットが届きます。（※塗装は除く）

●日曜大工応援隊！
図面やサイズ通りに木材やアクリル材料を加工（切断）してくれます。

●ストーリオクラブ
さまざまな家具を材料キットとして購入できます。

ストーリオでは期間限定（毎年11〜12月頃）・数量限定にて、ままごとキッチンキットが特価で販売されています。※詳しくはHPで。

ストーリオ株式会社　STORIO
〒947-0021
新潟県小千谷市本町2-7-3
Tel 0258-81-0006
HP http://www.storio.co.jp/index.htm

型紙一覧

型紙の使い方 ※型紙に縫いしろは含まれていません。

1 各作品ページの「使う型紙」と照らし合わせて、使う型紙を探します。
2 各型紙にある拡大率に合わせて型紙をコピーします。※同ページ内の型紙の拡大率は全て一緒です。
3 コピーした型紙を切り取り、コットン生地やフェルトの裏面に型紙を合わせます。
　おもりをおいたり、まち針でとめてずれないように気をつけます。
4 型紙をチャコペンやへらなどで写します。
　縫いしろが必要な場合は、写した型紙の周りに縫いしろを取ります。
　合印（縫い合わせの目安）がある場合は忘れずに写しましょう。

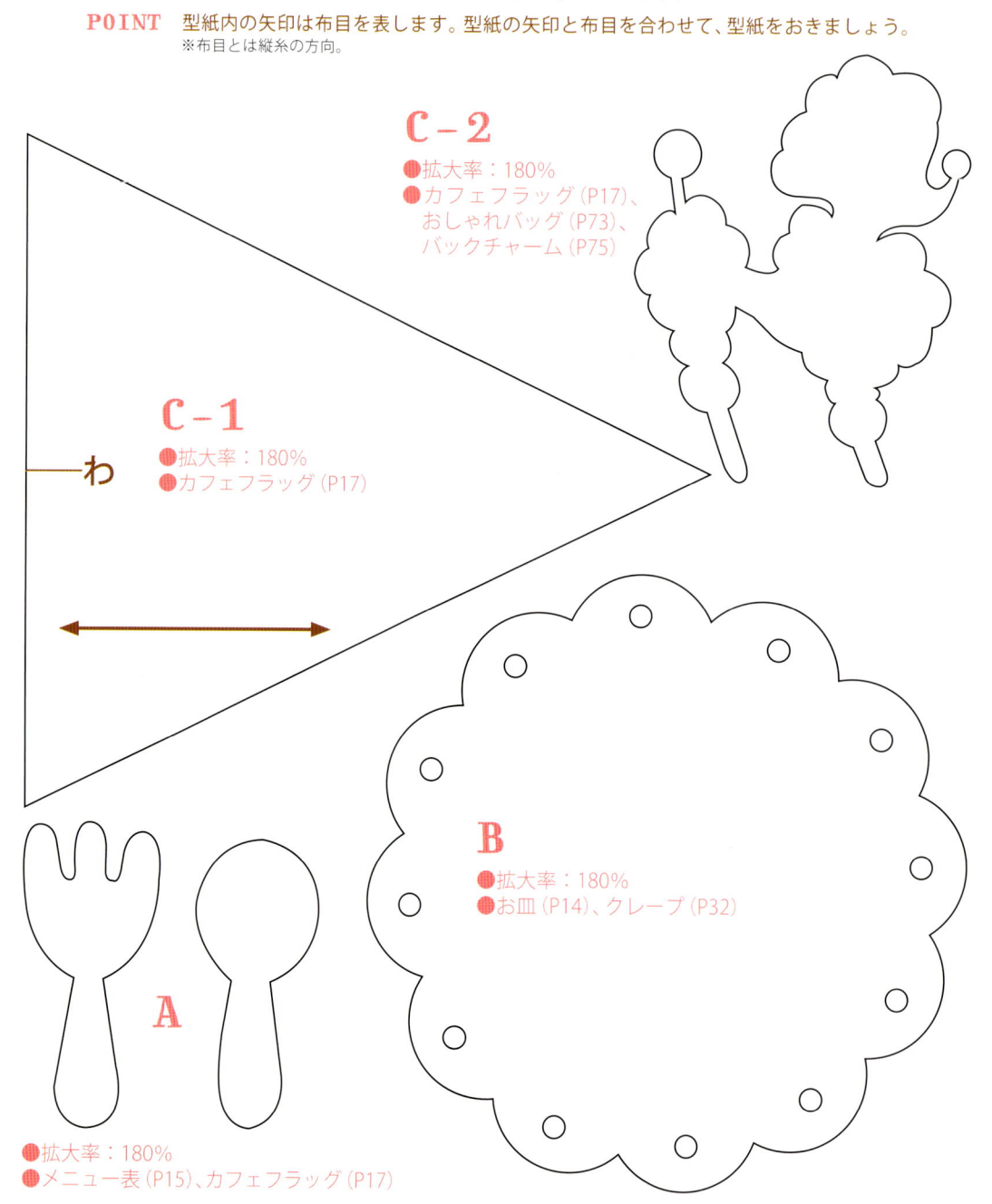

POINT　型紙内の矢印は布目を表します。型紙の矢印と布目を合わせて、型紙をおきましょう。
　　　　　※布目とは縦糸の方向。

C-2
● 拡大率：180％
● カフェフラッグ（P17）、
　おしゃれバッグ（P73）、
　バックチャーム（P75）

C-1
● 拡大率：180％
● カフェフラッグ（P17）

わ

B
● 拡大率：180％
● お皿（P14）、クレープ（P32）

A
● 拡大率：180％
● メニュー表（P15）、カフェフラッグ（P17）

わ

本体

D-1
- 拡大率：133%
- エプロン（P21）

※別途、縫いしろ1cmとります。
　フリル布との合印を忘れずに。

わ

D-2　フリル用

- 拡大率：133%
- エプロン（P21）

※別途、縫いしろ
　1cmとります。

フリル用

わ

D-3

- 拡大率：133%
- エプロン（P21）

※別途、縫いしろ1cm
　とります。
　布をわにして
　型紙を写しますが、
　片面のみ布端が
　曲線になります。

型紙一覧

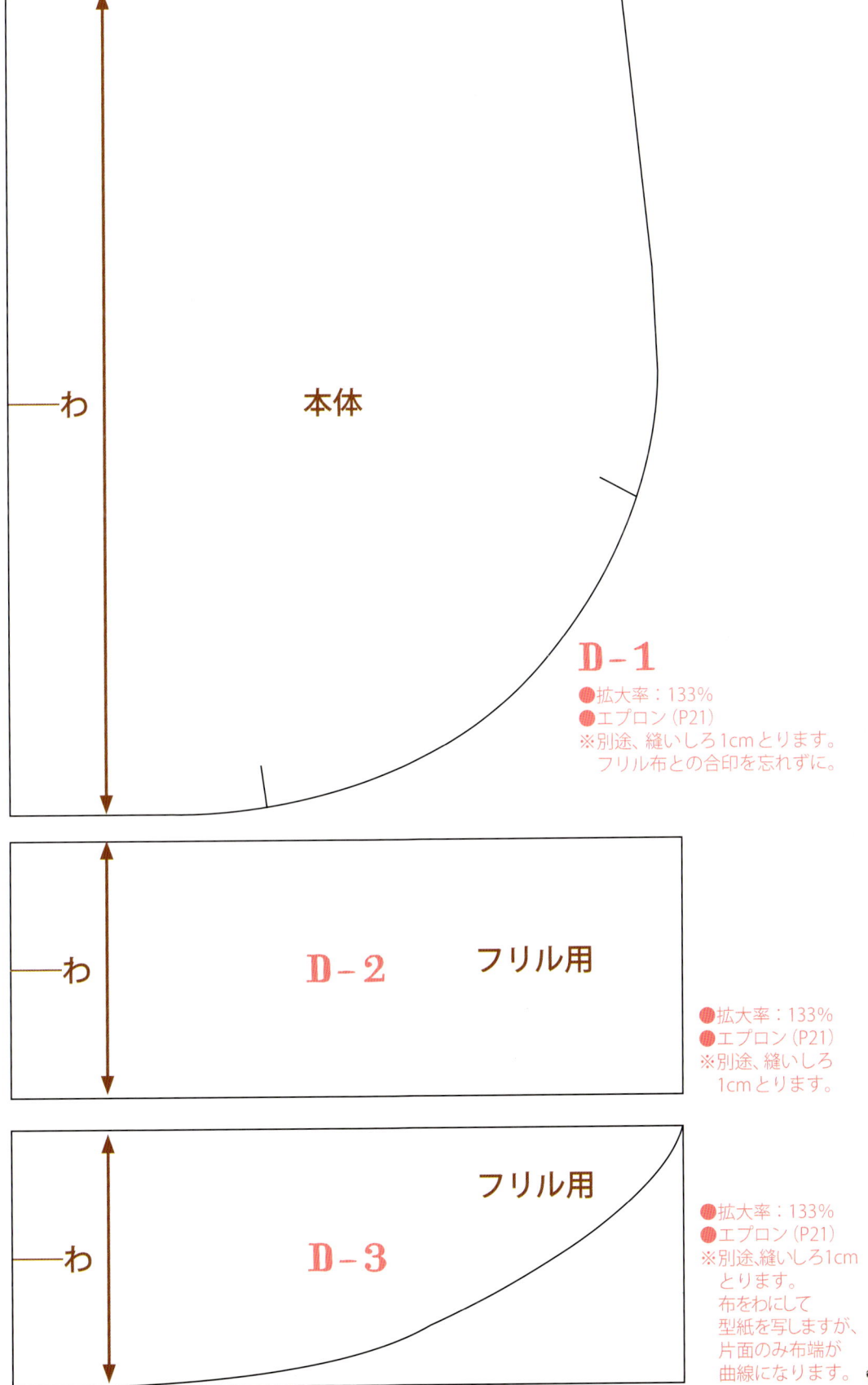

E

F

- 拡大率：125%
- 目玉焼き(P26)、サラダ(P26)、ファルファッレ(P27)、ラビオリ(P27)、バンズ飾り(P31)、レタス＆ケチャップ(P31)、クッキー(P33)、聴診器(P83)
※型紙の穴部分は1つ穴パンチを使って開けます。

- 拡大率：125%
- チキンライス(P29)、スパゲティ(P29)、ハンバーグ(P31)、バンズ本体(P31)、ハム(P31)

G-1

G-2

- 拡大率：125%
- ドーナツ袋(P13)、メニュー表(P15)、ドーナツ(P43)

型紙一覧

H-1

H-2

● 拡大率：原寸大
● マカロン (P45)

I

● 拡大率：原寸大
● アイスクリーム (P47)

K-1

● 拡大率：原寸大
● 蝶々のヘアアクセサリー (P67)

J

K-2

● 拡大率：原寸大
● 蝶々のヘアアクセサリー (P67)

● 拡大率：原寸大
● くまの指人形 (P57)、ひよこの指人形 (P58)、
　うさぎの指人形 (P58)、おうじさまの指人形 (P59)、
　おひめさまの指人形 (P59)

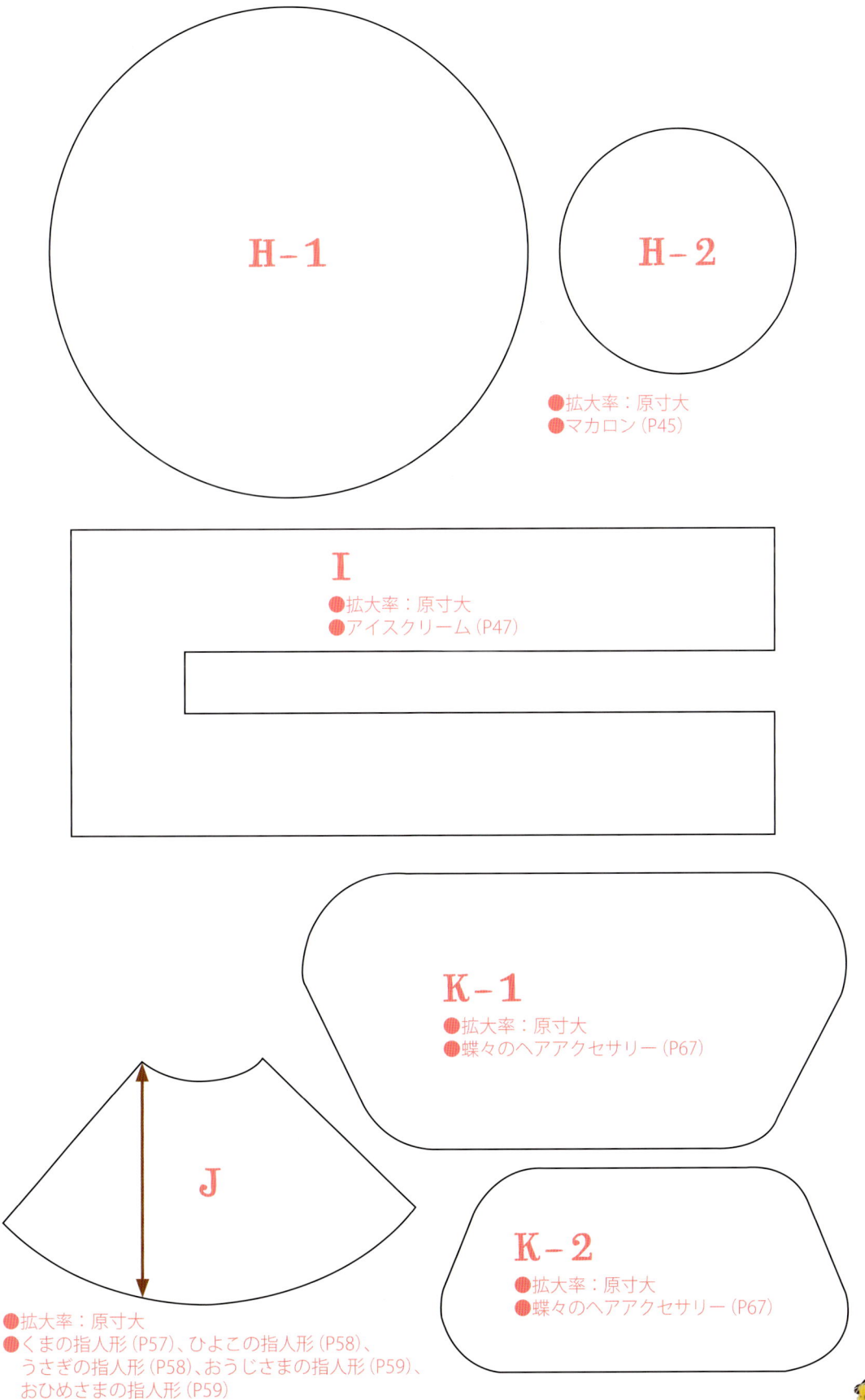

L-1

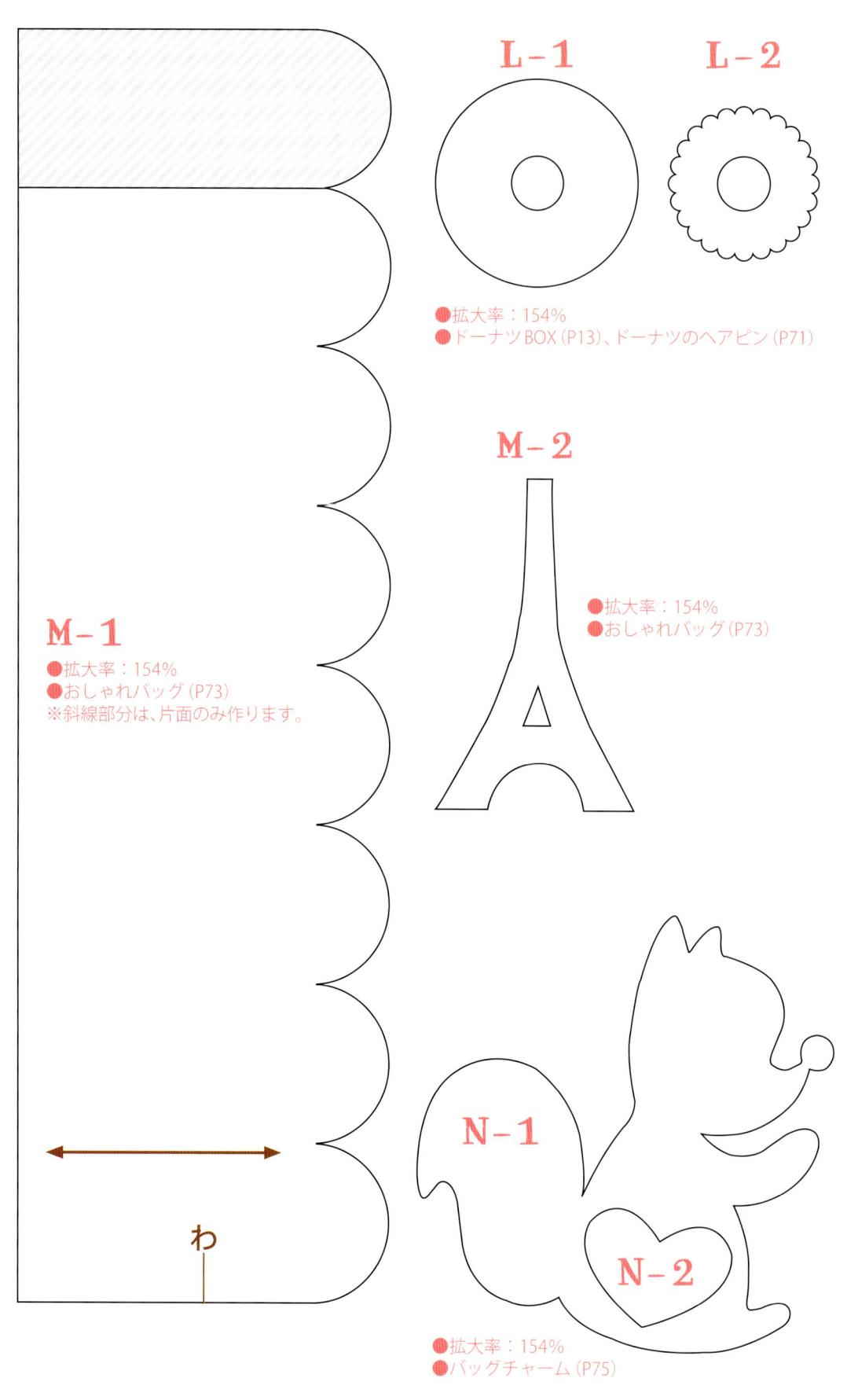

L-2

● 拡大率：154%
● ドーナツBOX（P13）、ドーナツのヘアピン（P71）

M-2

● 拡大率：154%
● おしゃれバッグ（P73）

M-1

● 拡大率：154%
● おしゃれバッグ（P73）
※斜線部分は、片面のみ作ります。

わ

N-1

N-2

● 拡大率：154%
● バッグチャーム（P75）

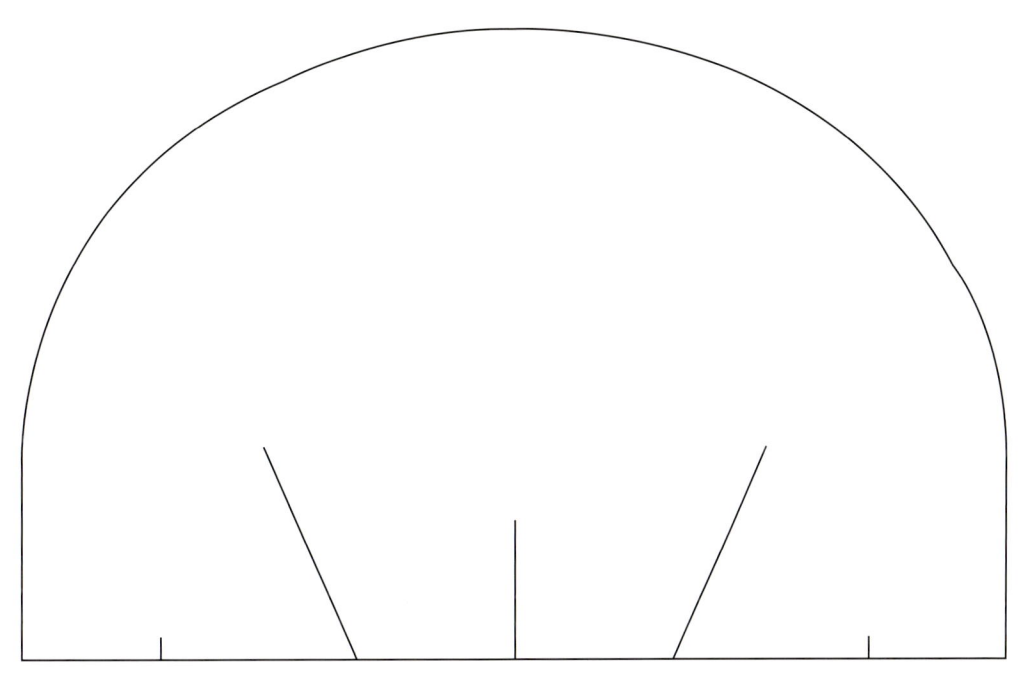

O-1
- 拡大率：133%
- ナースキャップ（P80）

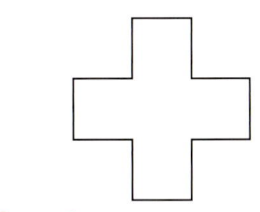

O-2
- 拡大率：133%
- ナースキャップ（P80）、腕章（P81）

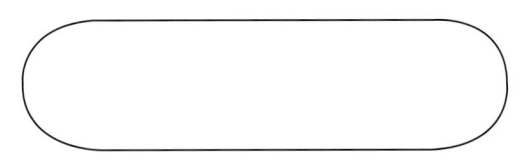

P
- 拡大率：133%
- ばんそうこうA（P85）

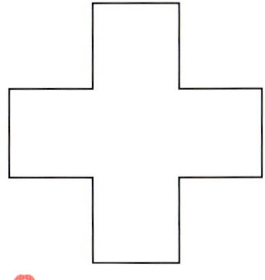

Q
- 拡大率：133%
- ドクターBOX（P87）

さぁ、おままごと小物をどんどんつくっちゃおう！

型紙一覧

095

親子でつくる
カンタンかわいいおままごと

2010年3月6日　第1刷発行

著者	MaMan*（ママン）	
編集	外谷寛美、櫻田浩子、吉良亜希子、松浦詩織（以上STUDIO DUNK）	
ブックデザイン	鈴木真未子（STUDIO DUNK）	
撮影	北原千恵美（STUDIO DUNK）※P88-89プロセスカット除く	
モデル	MaMan*の娘たち	
小物提供	IREMONYA東京店（P78-79※ファイバーボックス、ラグ） 東京都台東区蔵前1-2-5 友屋ビル1～2F　TEL 03-5821-6800	
材料提供（P88-89）	ストーリオ株式会社	
折り図制作（P49）	山下恵	
印刷・製本	ワールド印刷株式会社	
発行	株式会社産業編集センター 〒113-0021　東京都文京区本駒込2-28-8　文京グリーンコート17階 TEL 03-5395-6133　FAX 03-5395-5320	

Ⓒ2010 MaMan* Printed in Japan ISBN978-4-86311-037-3 C2077

本書掲載の写真・文章・イラストを無断で転記することを禁じます。
乱丁・落丁本はお取り替えいたします。
作品およびそのデザインは個人的に楽しむ場合を除き、許可なく製作、販売することを禁じます。